POST MO DERN BER LIN

Non-Residential

Claudia Kromrei

POST MO DERN BER LIN

Non-Residential

Fotografiert von
Photographed by
Thomas Bomm +
Manfred Hamm

niggli

01—10

11—15

16—20

21—25

26—30

Einleitung
Preface

Dies ist ein Buch über 30 Berliner Gebäude aus den 1970er- und 1980er-Jahre, allesamt keine Wohnhäuser, sondern öffentliche und technische Gebäude. Wer Epoche-Begriffe liebt, könnte auch sagen: Dies ist ein Buch über 30 Berliner Gebäude der Postmoderne.

Dass im West-Berlin der Siebziger- und Achtzigerjahre die international wichtigsten Architekten der Gegenwart so zahlreich ihre Manifeste realisieren konnten, ist den aufwändigen, aber für die Architektur immer wieder wegweisenden Konstruktionen von Wettbewerben und Bauausstellungen zu verdanken. Beschränkter waren die Möglichkeiten in Ost-Berlin, wo Individualismus nicht gewollt war und die Architekten in Kollektiven arbeiteten – und in Plattenbauweise. Gelegentlich aber wurden die immer gleichen Platten nicht kilometer- sondern nur meterweise verbaut, wurde der historische Stadtgrundriss wiederhergestellt, wurden die Platten gebäude- und ortsbezogen leicht individualisiert.

Die Fotografien der Häuser entstanden alle im Jahr 2021. Thomas Bomm und Manfred Hamm haben hierfür zum zweiten Mal zusammengearbeitet, nachdem sie 2018 schon einmal 30 Wohnhäuser in Berlin fotografiert hatten. Hamm hatte das Fotografieren, das für ihn immer ein analoges Photographieren mit PH war, eigentlich schon ad acta gelegt. In dieser Kollaboration nahm er die Arbeit wieder auf, die neuen, gemeinsamen Bilder entstanden digital.

Die Grundrisse wurden grafisch und im Maßstab 1:333 einheitlich neu gezeichnet, bei zwei Gebäuden entschieden wir uns für Schnitte. Jenseits der mitunter stark divergierenden Analogien, Vorstellungswelten und architektonischen Ausdrucksmittel illustrieren die Zeichnungen die Ideen von Raum und Struktur jenseits der im Stadtraum sichtbaren Form und Erscheinung der Gebäude. ●

This is a book about 30 buildings in Berlin from the 1970's and 1980's, none of them residential, all public buildings and technical facilities.

If you prefer to classify buildings by epoch, you might also say: This is a book about 30 postmodern buildings in Berlin.

The fact that so many of the most important international architects of the time were able to implement their manifestos in West Berlin in the 1970's and 1980's largely comes down to the competitions and architecture exhibitions which, while complex, led to pioneering constructions again and again. Opportunities were more limited in East Berlin, where individualism was undesirable and architects worked in collectives – using prefabricated construction. But occasionally, the uniform slabs only covered a few meters instead kilometers, the historical city layout was restored, and the slabs received a slightly individual touch in line with their buildings or locations.

The photographs of the houses were all taken in 2021. Thomas Bomm and Manfred Hamm joined forces for the second time for this project, following their collaboration in 2018, during which they had already photographed 30 residential buildings in Berlin. Hamm had actually already abandoned photography, which to him always referred to the analog art of capturing an image. For this collaboration, he picked up his camera again to take these new photographs – this time, in digital form.

The floor plans were redrawn graphically and in a uniform manner on a scale of 1:333. For two buildings, we opted for sections. Aside from the sometimes strongly diverging analogies, conceptual worlds, and architectural means of expression, the drawings convey the ideas of space and structure beyond the buildings' shape and appearance visible within the urban space. ◆

High and Low

Architektur ist Bestimmung – Festlegung – des Raumes. (...)
Architektur ist ein Medium der Kommunikation. (...)
Architekten müssen aufhören, nur in Bauwerken zu denken. (...)
Alles ist Architektur.[1]

Im Dezember 1969 erscheint in dem millionenfach aufgelegten Magazin für Alles, was Männern Spaß macht, dem Playboy, zwischen den Fotostrecken der Sex Stars of the Year ein Essay des amerikanischen Literaturwissenschaftlers Leslie Fiedler.[2] *Cross the Border, Close the Gap* ist die Textfassung eines Vortrags, den Fiedler schon ein Jahr zuvor an der Universität Freiburg gehalten hatte, damals noch unter dem Titel *The Case for Post Modernism*. Fiedler ruft für seine Disziplin, die Literatur, zur Grenzüberschreitung auf. Nicht nur das Wahre, Schöne und Gute, das Anspruchsvolle und Elitäre sei Kunst, nicht nur Proust und Mann und Joyce, nein, auch das Populäre und Triviale, das Gewöhnliche und Alltägliche; hören wir auf, in der Kunst zu hierarchisieren, Kunst kann Pornografie zum Thema haben, sie kann Science-Fiction sein oder Comic, ein zeitgemäßes, ein postmodernes Werk ist nicht entweder Hoch- oder Trivialliteratur, es ist High and Low.

Im selben Jahr 1969 ist im New Yorker Museum of Modern Art eine Ausstellung zu sehen, in der fünf Architekten für ihre Disziplin in das gleiche Horn blasen. Peter Eisenman, John Hejduk, Michael Graves, Charles Gwathmey und Richard Meier zeigen weiße Modelle komplex gefügter Baukörper, die das funktionalistische Bauen, das bislang einzig Wahre und Gute, souverän hinter sich lassen. Seit den 1920er-Jahre sprach die Architektur eine Sprache von unmissverständlicher Klarheit und Identifizierbarkeit: Man hatte die Funktion, diese selbstverständliche Aufgabe, die ein Gebäude immer schon zu erfüllen hatte, zum ästhetischen Primat erhoben. Diese Idee von einer Architektur, die rationalistisch ist und zweckmäßig, die die alltäglichen Bedürfnisse angemessen befriedigt und in das Dogma des Funktionalismus' mündete, war radikal und neu und blieb auf Jahrzehnte verbindlich; ein Naturgesetz, neben dem wenig, bis nichts gebilligt wurde, neben dem alles andere, das nicht dieselbe Uniform trug, reaktionär erschien und provozierte.

Es ist von den fünf New Yorkern, die hier ihre Gebäudeentwürfe genau nicht auf der Basis einer Funktion entwickeln, sondern autonom und konzeptionell, vor allem Peter Eisenman, der den Horizont der Disziplin Architektur radikal erweitert. In seinem Konzept des Post-Functionalism[3] geht es nicht nur um die Überwindung des Funktionalismus, sondern um die Negation der Bedeutung der Funktion für die Architektur überhaupt. Architektur muss sich befreien von den Beschränkungen der Angemessenheit der Funktion, der Form oder des Typus, von Prinzipien wie Tragen und Lasten und Schützen, sie muss ihrer eigenen formalen Logik folgen, zum Symbol der Überwindung des Wissens werden.

Egal, wie wir es nennen, Post-Moderne oder Post-Funktionalismus – es ist die Befreiung von der Idee, es gäbe das Allgemeingültige und Wahre in der Kunst und Architektur, die Befreiung von Ideologien und von richtigen oder

1
Hans Hollein, Alles ist Architektur, verfasst 1967, erstmals erschienen in: Bau. Schrift für Architektur und Städtebau, Wien 1968

2
Leslie A. Fiedler, Cross the Border, Close the Gap in: Playboy, December 1969, mit einer Illustration von Karl Wirsum

3
Peter Eisenman, Post-Functionalism, Opposition, No. 6, 1976, dt. Postfunktionalismus, in: Ullrich Schwarz (Hg.), Aura und Exzeß. Zur Überwindung der Metaphysik der Architektur, Wien 1995

High and Low

falschen Referenzen. Die Architektur ist endlich wieder nicht mehr nur Gehäuse für Funktionen, sie hat die Funktion in ihre Schranken verwiesen: Die Funktion kann sich dem Raum anpassen, die Funktion kann sich der Form anpassen, diktieren darf sie Raum und Form nicht.

Die Postmoderne hat ein Janusgesicht, ein zweistirniges mindestens, wenn nicht ein vierstirniges. Sie kann neokonservativ dreinschauen und avantgardistisch, sie zeitigt Häuser, in denen bekannte historische Formen und Elemente wiederholt, zitiert, kopiert und collagiert werden und die gleichzeitig vertraut und befremdlich erscheinen – weil Zitate unangepasster und kühner ausfallen können als das Zitierte, weil beim Kopieren gelegentlich Fehler passieren, weil, was einmal keine Maske war, Jahrzehnte, Jahrhunderte später eine ist und weil Ironie mal wohl, mal aber auch nicht als solche verstanden wird. Zugleich zeitigt sie radikal auf einen Typus zurückgeführte Häuser, ästhetisch rational, aber ohne jeden Formalismus. Häuser, die sich in Form und Gestalt auf den Ort beziehen, den realen oder einen geistigen oder geschichtlichen, Häuser, in denen etwas mit architektonischen Mitteln ausgedrückt wird, etwas Fiktives mitunter, Häuser, die eine architektonische Geste sind. Postmoderne Architektur ist immer auch Zeichen und Sprache, Medium und Text.

Architektur, der ein Dogma oder eine exklusive These zugrunde liegt, sei es das Dogma der Funktion, der Struktur, der Dekonstruktion, erscheint klar und entschieden, stimmig, verständlich und gut einzuordnen. Postmoderne Architektur ist undogmatisch, sie bezieht in ihre These immer auch die Gegenthese ein, sie ist widersprüchlich, komplex, unvorhersehbar und reich. ●

Architecture is determination – establishment – of space. (...)
Architecture is a medium of communication. (...)
Architects need to stop thinking only in terms of buildings. (...)
Everything is architecture.[1]

In the December 1969 issue of the magazine that featured Entertainment for Men, a publication with a circulation of millions - Playboy -, an essay by the American literary scholar Leslie Fiedler was published between the pages of the photo series Sex Stars of the Year.[2] Cross the Border, Close the Gap is the text version of a lecture given by Fiedler a year earlier at the University of Freiburg, at the time with the title The Case for Post Modernism. Fiedler called for crossing borders within his discipline of literature. He suggested that art isn't always true, beautiful, and good, sophisticated and elite, created by Proust and Mann and Joyce. On contrary, art should also include what is popular and trivial, mundane and everyday. Let's stop organizing art into hierarchies. Pornography can be art, as can science fiction or a comic. A contemporary, postmodern oeuvre isn't either high or light literature; it is high and low.

In the same year 1969, the Museum of Modern Art in New York City hosted an exhibition in which five architects all took the same line. Peter Eisenman, John Hejduk, Michael Graves, Charles Gwathmey, and Richard Meier presented white models of intricately joined structures that confidently moved beyond the functionalist type of building that was considered the be all and end all up until this point. Ever since the 1920s, architecture had adopted a language of unmistakable clarity and identifiability: Its function, the obvious task a building has always had to fulfill, was elevated to aesthetic primacy. This rationalist and practical idea of architecture, adequately satisfying everyday needs and underpinned by the dogma of functionalism, was radical and new and would remain the authoritative method for decades - a natural law outside of which nothing was permitted, compared to which everything else that failed to don the same uniform appeared reactionary and provocative.

Of the five New Yorkers who specifically didn't draft their building designs on the basis of function, but instead autonomously and conceptually, Peter Eisenman in particular was the one to radically expand the horizon of the discipline of architecture. His concept of post-functionalism[3] didn't just aim to overcome functionalism, but moreover to negate the significance of function

1
Hans Hollein, Alles ist Architektur, written in 1967, first published in: Bau. Schrift für Architektur und Städtebau, Vienna 1968

2
Leslie A. Fiedler, Cross the Border, Close the Gap in: Playboy, December 1969, with an illustration by Karl Wirsum

3
Peter Eisenman, Post-Functionalism, Opposition, No. 6, 1976, in: Ullrich Schwarz (Ed.), Aura und Exzeß. Zur Überwindung der Metaphysik der Architektur, Vienna 1995

within architecture entirely. Architecture needed to free itself from the restrictions of the appropriateness of function, shape, or type, from principles such as supports and loads and protection; it needed to follow its own formal logic, become a symbol of overcoming knowledge.

No matter what we call it, postmodernism or post-functionalism - it liberates us from the concept that there is one universally valid and true principle in art and architecture, it liberates us from ideologies and right or wrong references. Finally, architecture no longer serves as an enclosure for functions. It has put function in its place: Function can adapt to the space, function can adapt to the shape, but it shouldn't dictate the space and shape.

Postmodernism has a Janus face, two-faced at least, perhaps even four-faced. It can appear neoconservative and avant-garde, it can bring about houses in which historic shapes and elements are repeated, cited, copied, and collaged, which come across as both familiar and strange - because quotations can end up more unorthodox and bolder than what they are quoting, because errors can sneak in while making a copy because something that wasn't a mask in the past becomes one decade or centuries later, and because irony is sometimes understood as such, and sometimes it isn't. At the same time, it brings about houses that are radically reduced to a type, aesthetically rational, but without any trace of formalism. A house that, in its shape and design, refers to the place - real or spiritual or historic -, a house that expresses something with architectural means, occasionally something fictitious, a house that acts as an architectural gesture. Postmodern architecture is always also a sign and language, medium and text.

Architecture founded on a dogma or an exclusive thesis - whether the dogma of function, structure, or deconstruction - appears clear and decisive, harmonious, comprehensible, and easy to categorize. Postmodern architecture is undogmatic, it always incorporates the antithesis into its thesis, it is contradictory, complex, unpredictable, and rich. ◆

Egal, wie wir es nennen, Post-Moderne oder Post-Funktionalismus – es ist die Befreiung von der Idee, es gäbe das Allgemeingültige und Wahre in der Kunst und Architektur, die Befreiung von Ideologien und von richtigen oder falschen Referenzen.

No matter what we call it, postmodernism or post-functionalism - it liberates us from the concept that there is one universally valid and true principle in art and architecture, it liberates us from ideologies and right or wrong references.

01

Architekt
Architect
Hinrich und Inken Baller

Objekt
Object
Sporthalle

Ort
Location
Schloßstraße 56, Charlottenburg-Wilmersdorf

Fertigstellung
Completion
1988

Als die Schloßstraße Ende des 17. Jahrhunderts entstand, gleichzeitig mit dem Schloss Charlottenburg, in dessen Ehrenhof sie mündet und in dessen Gartenanlage sie sich als Achse fortsetzt, war der Gebäudetypus der Turnhalle noch unbekannt. Sportliche Ertüchtigung fand hierzulande bis zur Mitte des 19. Jahrhunderts draußen statt.

Als in den 1980er-Jahren umliegende Schulen dringend eine Sporthalle brauchten, erwies sich das in Frage kommende Grundstück an der Ecke zum Otto-Grüneberg-Weg zunächst als ungeeignet. Zur Schloßstraße gibt es eine verpflichtende Vorgartenzone, zur Villa Oppenheim im Hintergrund, einem Baudenkmal von 1882, das heute das Heimatmuseum Charlottenburgs beherbergt, galt es Abstand zu halten und für die Mindestabmessungen der Spielfelder reichte weder die Breite noch die Tiefe des Grundstücks aus.

Die Architekten Hinrich (*1936) und Inken Baller (*1942) lösten die Platzprobleme souverän und unkonventionell. Das Volumen der Doppelsporthalle – zwei Hallen übereinander – steht aufgeständert in der Flucht der benachbarten Wohnhäuser mit der Längsseite zur Straße. Das offene Erdgeschoss ermöglicht den Durchgang zum Hof, es bildet den Eingang und es lässt zu, dass das Trottoir des Otto-Grüneberg-Wegs überfangen wird. An der Brandwand im Norden befinden sich auf vier knappen Geschossen die Umkleiden und Nebenräume, das 1. und 2. Obergeschoss wird von einer 44 mal 22 Meter großen Turnhalle eingenommen und darüber liegt, die gesamte Fläche beanspruchend und dreiseitig leicht auskragend, eine Dreifachhalle mit Abmessungen von 45 mal 27 Metern.

Diese obere Halle ist mit einer holzverkleideten Tonnenschale überwölbt und hat die stattlich-feierliche Raumwirkung einer Aula. Die Rippen des hohen Hallengewölbes bilden ein Ornament aus Rauten, das von dem feinen Gespinst aus Fachwerkträgern, Zugbändern und Aufhängungen für Geräte, Trennvorhänge und Leuchten überlagert wird.

Die langen Fassaden zur Straße und zum Hof sind vollständig verglast und durch schlanke Betonstützen, Horizontalen, kleinteilige Öffnungsflügel und Führungsschienen so gegliedert, dass trotz der andersartigen Materialität maßstäbliche Ähnlichkeiten mit den umliegenden steinernen und deutlich älteren Wohnhausfassaden entstehen. Und was den Wohnhäusern an Erkern und Vorbauten erlaubt ist, wird in anderer Funktion auch für die Sporthalle beansprucht: Treppen, Balkone und hofseitig auch vier Geräteräume stülpen sich aus dem Volumen heraus.

Wenn Ballers gelegentlich von der hohen „Gestaltdichte" ihrer Arbeiten sprechen, hat das nicht nur mit den hier und in allen Projekten des Büros immer wieder verwendeten gestalterischen Elementen und einander überlagernden filigranen Systemen zu tun. Gestaltete Dichte entsteht in diesem Fall auch dadurch, dass die Vorgänge im Inneren, die Bewegung, das Spiel, in den öffentlichen Raum der Straße ausstrahlen. Das ist bei Sporthallen die Ausnahme, nicht die Regel. Und die beiläufige Sichtbarkeit der Körperertüchtigung in gut gestalteten Räumen hat stimulierende Wirkung.

Genutzt wird die Halle von der Schule am Schloss, zu der sie gehört sowie von anderen Schulen und Sportvereinen. Benannt ist sie nach Carl Schuhmann, einem Turner, der bei den ersten Olympischen Spielen der Neuzeit 1896 in Athen in mehreren Disziplinen Goldmedaillen gewann. ●

When the road Schlossstrasse was built at the end of the 17th century – at the same time as the Charlottenburg Palace, where the road leads into its commemorative courtyard and continues into the garden as an axis – a gymnasium was still an unfamiliar type of building. In Germany, physical activity took place outdoors until the mid-19th century.

In the 1980's, when the schools in the surrounding area desperately needed a sports hall, the property in question at the corner of Otto-Grüneberg-Weg initially appeared unsuitable. For one, a mandatory front garden area had to be taken into account. Furthermore, the construction needed to keep its distance from the Villa Oppenheim to the back, a monument erected in 1882 which houses the Museum Charlottenburg-Wilmersdorf today. And finally, neither the width nor the depth of the property was sufficient to cover the minimum dimensions of the playing fields.

However, architects Hinrich (*1936) and Inken Baller (*1942) found a clever and unconventional solution for their space issues. The volume of the double gymnasium – two halls stacked on top of each other – sits in an elevated position in alignment with the neighboring residential buildings, with the longitudinal side facing the road. The open ground-floor level provides a passage to the courtyard, serves as the entrance, and allows for the sidewalk on Otto-Grüneberg-Weg to be covered. Changing rooms and side rooms are spread across four stories along the firewall to the north, a 44 by 22-meter sports hall takes up the first and second upper floors, and above this lies a triple hall measuring 45 by 27 meters, occupying the entire area and featuring a slight overhang on three sides.

This upper hall is topped with a vaulted, wood-paneled barrel shell and lends the room the stately, festive ambiance of an auditorium. The ribs of the tall hall dome form a diamond-patterned ornament which is overlaid by the fine web of lattice girders, tie rods and mountings for devices, dividing curtains, and lighting fixtures.

The long facades facing the road and the courtyard are fully glazed and structured by slim concrete columns, horizontals, opening casements divided into small sections, and guide rails in such a way that – despite the use of different materials – they bear a close resemblance to the surrounding stone facades of the much older residential buildings. And while residential houses extend their surface area through bays and porches, the sports hall does the same but with different features: Staircases, balconies, and even four equipment rooms on the side of the courtyard jut out of building volume.

When the Ballers occasionally speak of the high "design density" in their work, they aren't only referring to the design elements and delicate overlapping and intertwining systems used here and in all of their projects. In this case, designed density also emerges through the way the interior processes, the movement, the games radiate out into the public space of the street. When it comes to sports halls, this is the exception, not the rule. And the casual visibility of physical activity in well-designed rooms has a stimulating effect.

The gymnasium is used by the Schule am Schloss school, to which it belongs, as well as other schools and sports clubs. It is named after Carl Schuhmann, a gymnast who won gold medals in several disciplines at the first modern Olympic Games in Athens in 1896. ◆

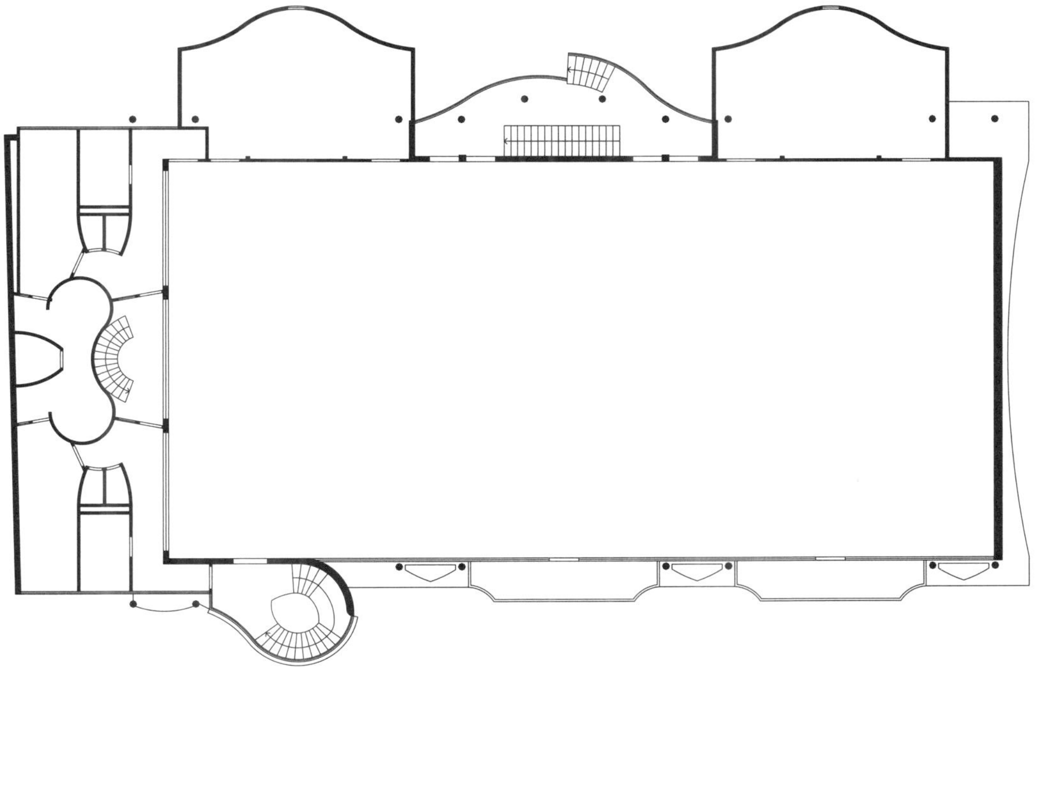

02

Architekt
Architect
Gerd Fesel und Peter Bayerer

Objekt
Object
Institutsgebäude der Technischen Universität und des Fraunhofer-Instituts

Ort
Location
Pascalstraße 8–9, Charlottenburg-Wilmersdorf

Entwurf
Designed
1982
Fertigstellung
Completed
1986

Die geometrisch so plausible städtebauliche Figur im Charlottenburger Spreebogen ist dem Bau des großen Institutsgebäudes unmittelbar vorausgegangen. Dass sich Morse- und Pascalstraße zu einem Halbkreis schließen und zum Spreeufer fünf kreissegmentförmige Grundstücke mit radial verlaufenden Straßen ausgebildet werden, ist das Ergebnis eines städtebaulichen Ideenwettbewerbs von 1980. Bis dahin war dieser Bereich von Sackgassen durchkreuzt und nur provisorisch bebaut.

Mit dem Doppelinstitut besetzen die Architekten Gerd Fesel (1924–1984) und Peter Bayerer (*1940) ein sich nach Norden zum Spreeufer öffnendes Grundstück. Entlang der Pascalstraße folgt es dem Straßenverlauf, zum Wasser steht es objekthaft frei.

Das Gebäude vereint das Fraunhofer-Institut für Produktionsanlagen und Konstruktionstechnik und das Institut für Werkzeugmaschinen- und Fertigungstechnik der Technischen Universität. In beiden Instituten werden industrielle Produktionsprozesse erforscht und optimiert. Die interdisziplinäre Zusammensetzung der Arbeitsgruppen aus Ingenieuren, Konstrukteuren, Informatikern und Mathematikern, also aus Praktikern und Theoretikern hat ihre Entsprechung in der baulichen Anlage und Organisation: Das Zentrum, den Kern des Doppelinstituts bildet eine im Grundriss kreisrunde Versuchshalle, 64 Meter im Durchmesser, 14 Meter hoch, stützenfrei und verglast. Um diese herum sind, mit Blickkontakt und Zugang, die Arbeits- und Rechnerräume, Werkstätten und Laboratorien gelegt – als drei- bis sechsgeschossiger, abgetreppter Kranz, als umhüllender Dreiviertelkreis, der die Halle nach Süden schützt und nach Norden Richtung Spree freilegt.

Die weiteren Gebäudeteile bilden im Grundriss ebenfalls Kreissegmente. Rücken an Rücken zum Hallengürtel steht direkt an der Pascalstraße ein fünfgeschossiges Verwaltungsgebäude. In den Zwickelzonen befinden sich zwei zylindrische Türme, die als Bibliothek und für Seminare genutzt werden. Auf der anderen Straßenseite steht konzentrisch zum Verwaltungsgebäude und durch eine Brücke verbunden ein zweigeschossiger Trakt mit Hörsaal und Seminarräumen.

Die mehrgeschossigen Kreissegmente sind eigentlich Mehrecke in Stahl- und Stahlbetonverbundbauweise mit größtenteils außenstehenden Stützen und diagonalen Aussteifungen. Die Brüstungen sind massiv und mit Aluminiumblech verkleidet, die Fenster sind zu Bändern zusammengefasst und ebenfalls Aluminiumkonstruktionen. Alle Elemente sind weiß beschichtet, wodurch die Plastizität der Struktur und der Rundungen und Abtreppungen hervorgehoben wird. Die große Halle ist eine Stahlfachwerkkonstruktion mit einem zum Mittelpunkt geneigten Hängekegeldach.

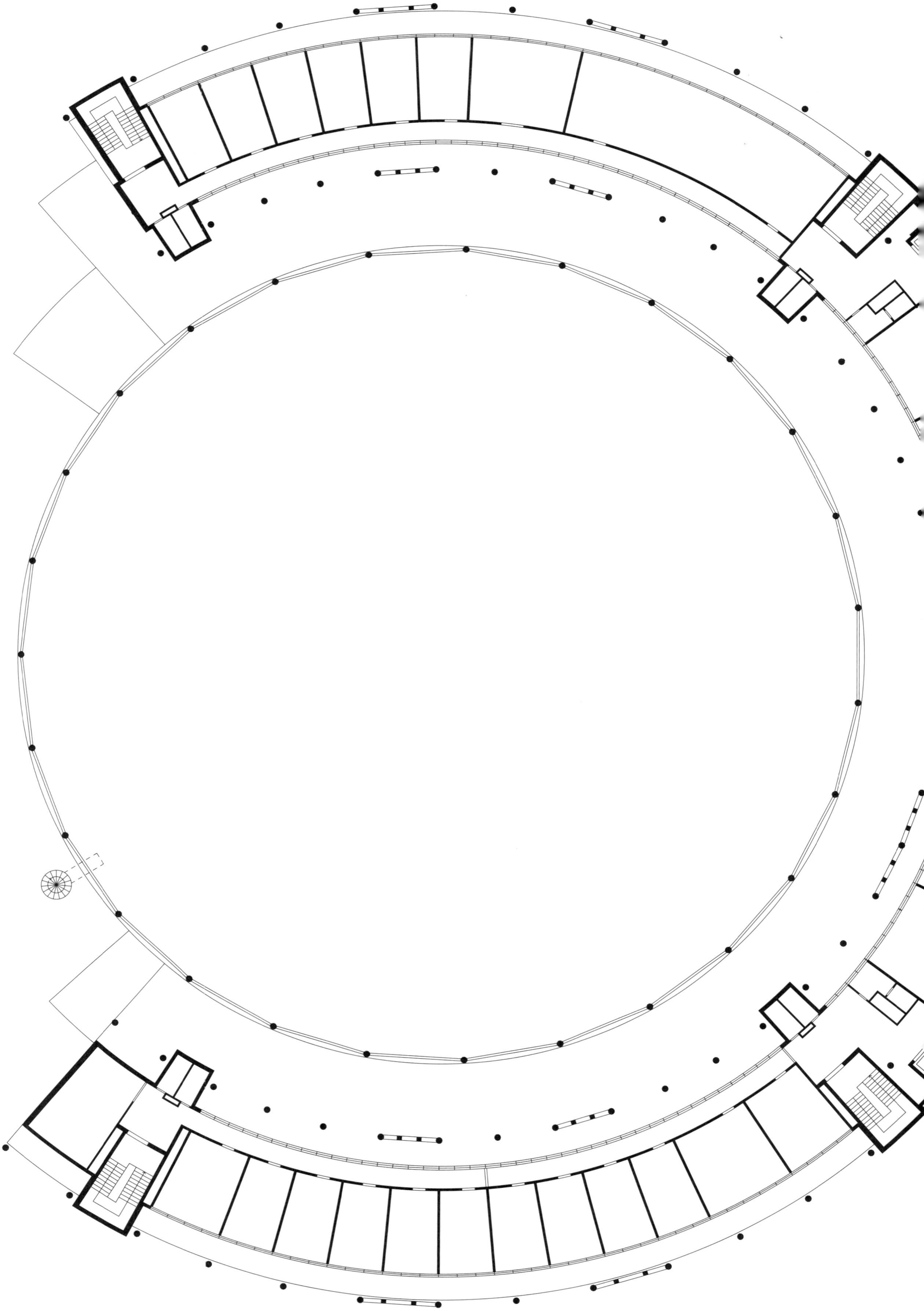

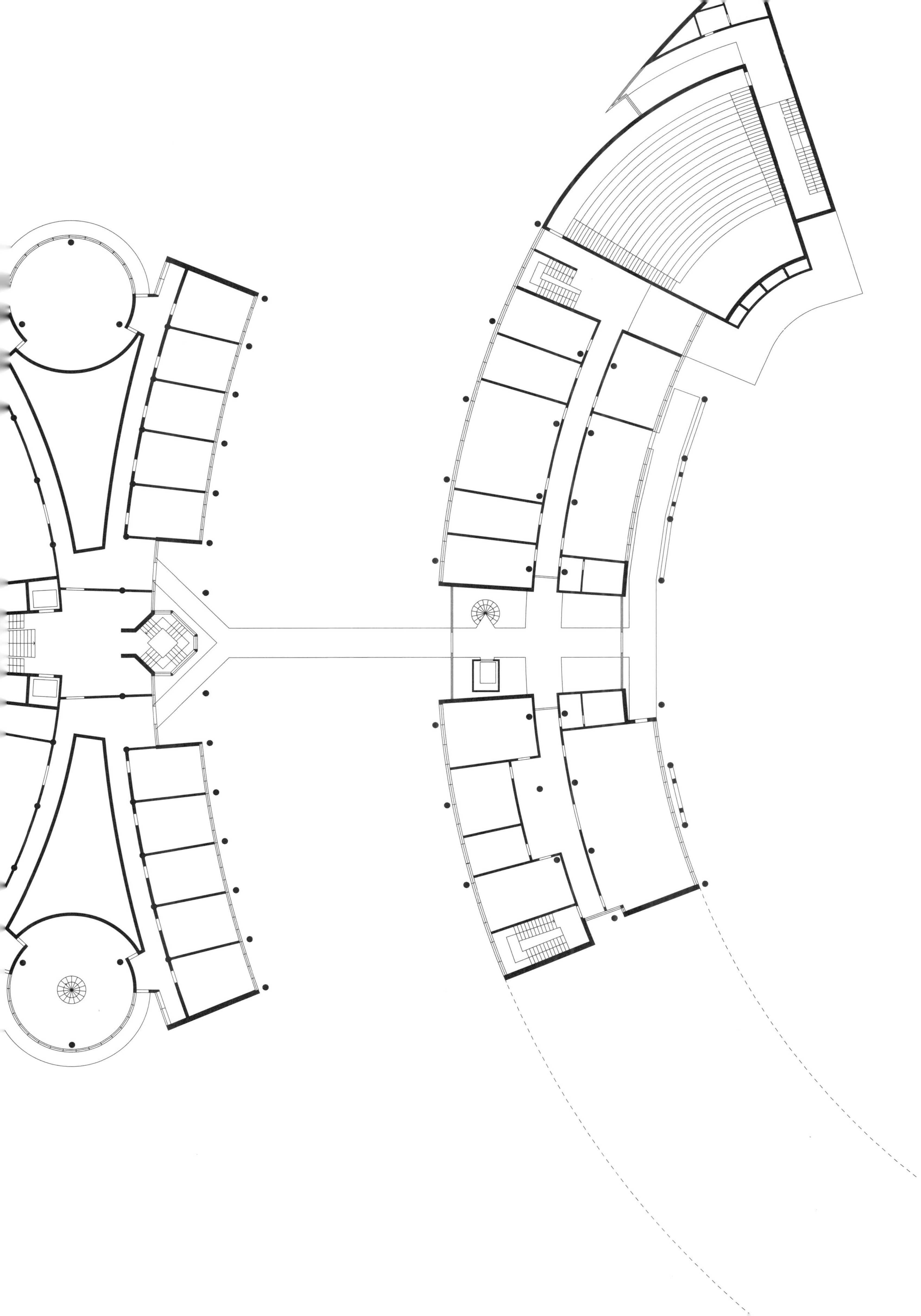

2011 wird das Kreissegment des Hörsaal- und Seminartrakts nach dem Entwurf von Peter Bayerer baulich fortgesetzt und um Laborräume für das Anwendungszentrum Mikroproduktionstechnik erweitert. Hierdurch wird die Gebäudegruppe städtebaulich komplettiert und auch an der Heisenbergstraße fest verankert.

Die Architekten haben mit dem Doppelinstitut für eine neue und komplexe Bauaufgabe eine architektonische Form gefunden, die das Programm und die Funktion zum Ausdruck bringt und sich im städtischen Kontext angemessen behauptet.[1] Inhaltlich sind hier Lehre, Forschung und Produktion miteinander verbunden, architektonisch bilden die zahllosen kleinmaßstäblichen Räume und das große Volumen der Versuchshalle ein wohlproportioniertes Ganzes. ●

1
Peter Bayerer sieht in dem Entwurf zudem einen Prototypen für hochautomatisierte mittelständische Industriebetriebe (vgl. Peter Bayerer: Doppelinstitut. Zentrum für Produktionstechnik der Technischen Universität Berlin und der Fraunhofer Gesellschaft, o. O. 1986, S. 28)

The geometrically fitting urban development in the Charlottenburger Spreebogen – the meandering part of the river that shapes this section of the city – immediately preceded the construction of the large faculty building. The fact that Morsestrasse and Pascalstrasse meet to form a semi-circle and five arc-shaped properties that line the radial streets leading to the banks of the Spree is the result of an urban design ideas competition from the year 1980. Up until then, cul-de-sacs crossed this area which contained only provisional buildings.

With the double institute, architects Gerd Fesel (1924–1984) and Peter Bayerer (*1940) occupied a premise that opens up northwards towards the banks of the Spree. It follows the course of the road along Pascalstrasse but stands alone on the waterside in a sculpture-like manner.

The building unites the Fraunhofer Institute for Production Systems and Design Technology and the Technical University's Institute for Machine Tools and Factory Management. The purpose of both institutes lies in researching and optimizing industrial production processes. The interdisciplinary mixture of working groups consisting of engineers, designers, computer scientists, and mathematicians – in short, practitioners and theorists – correlates with the structural facilities and organization: A circular test hall – 64 meters in diameter, 14 meters high, glazed, and with no pillars – makes up the center, or core, of the double institute. Offices, computer rooms, workshops, and laboratories are arranged around it, allowing for eye contact and access – in the form of a three to six-story, stepped ring, as an enclosing three-quarters circle that protects the halls towards the south and uncovers it northwards towards the Spree.

The additional building parts also form circular segments. Backing onto the hall's surrounding area, a five-story administrative building stands directly on Pascalstrasse. Between the spandrels, there are two cylindrical towers that are used as a library and for seminars. On the other side of the street, a two-story wing with a lecture hall and seminar rooms stands concentrically to the administrative building, connected by a bridge.

The multi-story arcs are actually polygonal composite constructions made of steel and reinforced concrete, with mostly exterior pillars and diagonal reinforcements. The balustrades are solid and clad with aluminum sheets, the windows are condensed into strips and also made of aluminum. All elements feature a white coating which highlights the plasticity of the structure as well as the curves and stepping. The large hall is a steel-timbered construction with a conical suspension roof sloped towards the center.

In 2011, construction continued on the arc of the lecture hall and seminar wing, in line with the design by Peter Bayerer. In addition, it received an expansion to accommodate laboratories for the micro production technology application center. This completed the urban development's group of buildings and firmly anchored it on Heisenbergstrasse as well.

With the double institute, the architects found an architectural shape for a new and complex construction task that expresses its program and function and also holds its ground in a suitable way within the urban context.[1] On a content-related level, it unites teaching, research, and production, while architecturally, the countless small-scale rooms and the large volume of the test hall form a well-proportioned whole. ◆

1
Peter Bayerer also views the design as a prototype for highly automated medium-sized industrial companies (see. Peter Bayerer: Double Institute. Production Technology Center of the Berlin Institute of Technology and the Fraunhofer Society, s.l. 1986, p. 28)

03

Architekt
Architect
Keith Murray

Objekt
Object
Schule

Ort
Location
Skalitzer Straße 55, Friedrichshain-Kreuzberg

Entwurf
Designed
1984

Fertigstellung
Completed
1990

Der im Stadtgrundriss dreieckige Block zwischen Görlitzer-, Skalitzer- und Lübbener Straße war ursprünglich Teil der baulichen Kante zum Kopfbahnhof der Berlin-Görlitzer Eisenbahn. Als nach dem Zweiten Weltkrieg die Bahnstrecke nicht mehr genutzt wurde, riss man in den 1960er-Jahren das stattliche Empfangsgebäude und die Bahnanlagen ab. Die Begründung erwies sich als Vorwand: auf dem großen Gelände wurde weder neu gebaut noch realisierte man die Südtangente der Stadtautobahn. Und so wurde hier in den frühen 1990er-Jahren der Görlitzer Park angelegt.

Inmitten dieses dreiecksförmigen Blocks steht seit 1887 eine von Hermann Blankenstein (1829–1920) und Klaus Frobenius entworfene Gemeindedoppelschule, ein viergeschossiger strenger Backsteinbau mit einer Turnhalle und einem Rektorenwohnhaus beim Eingangstor an der Skalitzer Straße. Abrisspläne gab es auch hier. Für den Bau eines sogenannten Mittelstufenzentrums, der damals bevorzugten Schulform in standardisierten Typenbauten, sollte nicht nur das alte Schulgebäude fallen, sondern auch ein Teil der Wohnhäuser. Das radikale Abrissprogramm der 1960er- und 1970er-Jahre mit dem irreführenden Namen „Sanierungsprogramm" wird in der Folge mit der IBA und ihrem Leitbild einer Behutsamen Stadterneuerung in ein wirkliches Sanierungskonzept überführt. Für die damals noch nach dem Pädagogen Adolf Damaschke benannte Schule bedeutet dies den Erhalt und den Umbau durch den britischen Architekten Keith Murray (1929–2005), der sein Büro in London mit Robert Maguire (1931–2019) betreibt.

Das früher als Lehrerwohnhaus genutzte dreigeschossige Gebäude aus rotem Ziegel an der Skalitzer Straße bleibt erhalten und wird fortan als Freizeitheim genutzt. Die südlich anschließende alte Turnhalle wird erweitert zu einem Mehrzweckgebäude mit Bibliothek, Veranstaltungssaal und zwei kleinen Sporthallen. Das größte und stattlichste Gebäude der Gruppe, das im Block allseitig frei und parallel zu den Wohnhäusern an der Lübbener Straße stehende Schulhaus, wird auffällig unauffällig um vier Türme ergänzt. Seine noch an den Erziehungsmethoden der Kaiserzeit orientierte innere Struktur wird aufgelöst, die architektonische Ordnung aber weder in eine neue Form gezwungen noch durch eine neue Form kontrastiert. Die gegebene Symmetrie wahrend platziert Murray vor der Front und vor der Rückseite jeweils zwei Türme auf oktogonalem Grundriss, die mit dem Schulhaus verbunden sind und das Raumprogramm ergänzen, wo es das neue reformpädagogische Konzept verlangt. Die im Schulgebäude jetzt zu Jahrgangs-Clustern gruppierten Klassenzimmer in den Obergeschossen erhalten in den Türmen Gruppenräume und das Lehrerzimmer und die Cafeteria im Erdgeschoss sowie die Werkstatt im Untergeschoss ergänzende Räume. Um im Schulhaus ein weiteres Vollgeschoss für die Fachräume zu gewinnen, wird das Dach angehoben. Sichtbar ist diese Maßnahme kaum, denn der das Schulhaus umgebende, als Pausenhof für 370 Schulkinder dienende Blockinnenraum ist knapp.

So eng verwoben die Türme mit dem Blankensteinschen Schulhaus im Grundriss sind, so eng verwoben sind sie mit ihm auch in der äußeren Erscheinung. Murray übernimmt das Material, den roten Klinker, und die Fensterformen und -größen, betont die Eigenständigkeit der Türme aber durch die plastische

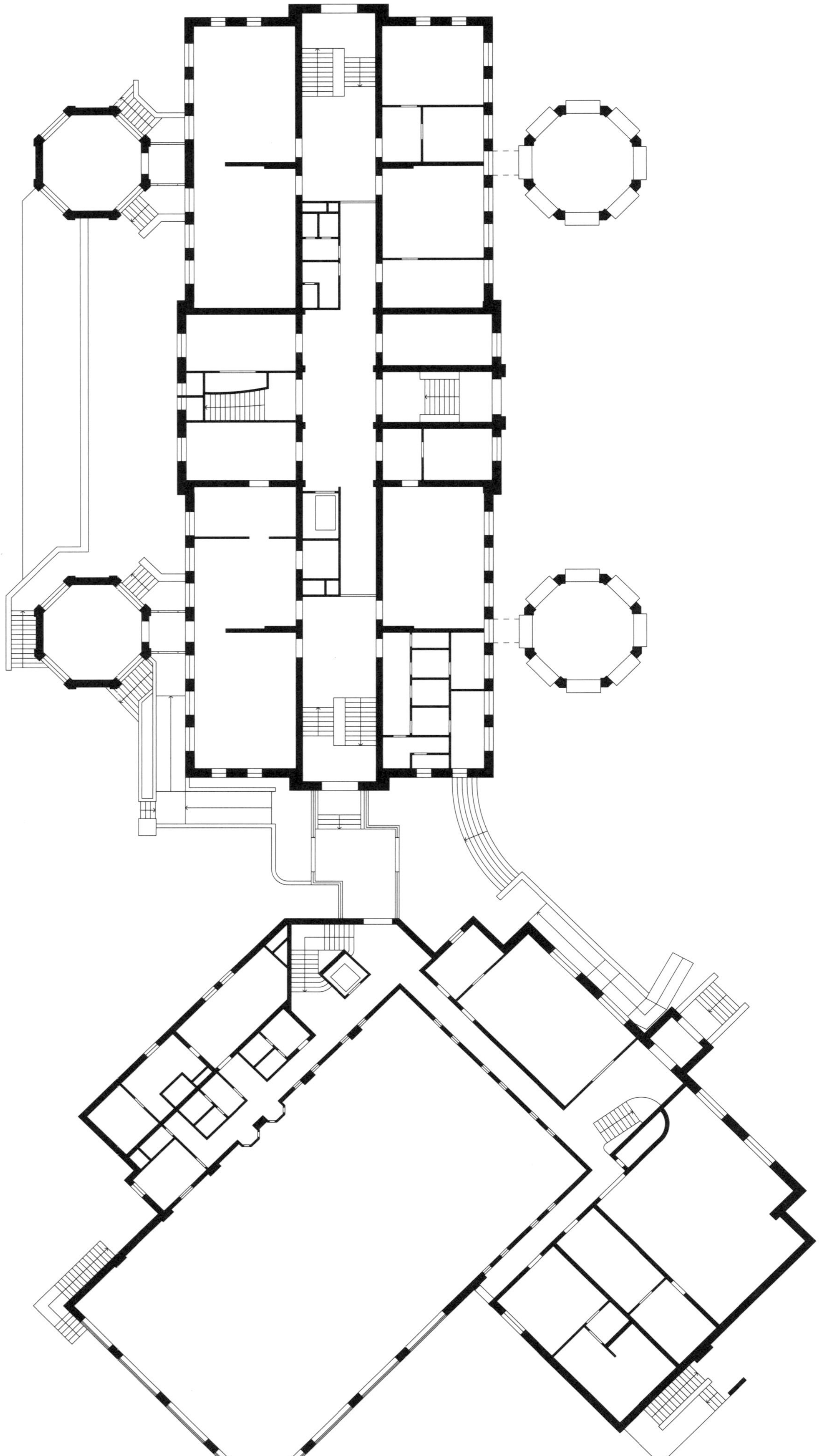

Gliederung mit hohen Blendnischen mit Rundbogenabschluss. In dem disparaten Blockinnenraum, der aus drei Dutzend verschiedenen Wohnhausrückseiten gebildet wird, wirkt die formale Einheitlichkeit der Schulgebäude stabilisierend. Gleichzeitig befreit der Eigensinn der Turmfiguren aus der strengen Zucht- und Würdeform des 19. Jahrhunderts.

Die Form und der Name der Schule haben sich inzwischen mehr als einmal geändert. Die von Murray zu einer reformierten, praxisorientierten Stadtteilschule transformierte Gemeindedoppelschule ist heute eine integrierte Sekundarschule und trägt den Namen des aus Albanien stammenden muslimischen Fotografen Refik Veseli, der während des Zweiten Weltkriegs das Leben von Juden gerettet hat. ●

The triangular block between Görlitzerstrasse, Skalitzerstrasse und Lübbener Strasse originally formed part of the constructional edge to the terminus of the Berlin-Görlitz railway. After the railway line fell into disuse after World War II, the stately reception building and the railway facilities were torn down in the 1960's. The reasoning behind this turned out to be more of a pretext: No new developments were planned on the large site, nor were plans to expand the southern expressway of the city highway realized. Eventually, Görlitzer Park was created here in the early 1990's.

In the midst of this triangular block stands a double community school, designed by Hermann Blankenstein (1829–1920) and Klaus Frobenius and erected in 1887 – a four-story brick building with a gymnasium and a principal's residence near the entrance gate on Skalitzer Strasse. Plans for demolition were in place here too. In order to build a junior high center, the preferred school form in standardized uniform buildings at the time, a teardown of the old school building as well as some of the residential houses were planned. The radical demolition program of the 1960's and 1970's, given the misleading title of "Renovation Program," was subsequently transformed into an actual renovation concept through the IBA and its guiding principle of "cautious urban redevelopment" (Behutsame Stadterneuerung). As a result, the school, named after the pedagogue Adolf Damaschke at the time, was preserved and rebuilt by British architect Keith Murray (1929–2005), who ran his office in London together with Robert Maguire (1931–2019).

The three-story red brick building on Skalitzer Strasse, which was formerly used as teachers' housing, remained intact and would from then on be used as a community center. The old sports hall attached to the southern side was expanded and turned into a multipurpose building with a library, event hall, and two small sports halls. The biggest and stateliest building within the development, the schoolhouse that stood detached on all sides and parallel to the residential houses on Lübbener Strasse, received an ostentatiously inconspicuous addition of four towers. Its internal structure, which is still based on the education methods of the imperial age, is abolished, but the architectural order is neither forced into a new form nor contrasted by one. Maintaining the existing symmetry, Murray places two towers each before the front and back on an octagonal layout. These towers are linked to the schoolhouse and supplement the spatial allocation plan as the new progressive educational concept sees fit. The classrooms on the top floors, which are now grouped into clusters by grade, are equipped with additional rooms, including group rooms and the teachers' room in the towers, a cafeteria on the ground floor, and a workshop on the lower ground floor. To make space for another full story for the subject rooms, the roof is lifted. This measure is barely visible because the interior of the block, which surrounds the schoolhouse and serves as the schoolyard for 370 students, doesn't provide much space.

As closely interconnected as the towers with the Blankenstein schoolhouse may be in their layout, they are just as closely interconnected with it in terms of their external appearance. Murray uses the same material, red clinker brick, as well as the window shapes and sizes, but highlights the towers' individuality through a sculptural structure featuring high blind niches with round arches. In the disparate interior of the block, formed by three

dozen different rear sides of residential houses, the formal uniformity of the school building gives a stabilizing impression. At the same time, the waywardness of the tower figures liberates the structure from the stringent form characterized by discipline and dignity from the 19th century.

The type and name of the school have in the meantime changed more than once. The double community school that Murray transformed into a progressive, practice-oriented district school is now an integrated high school and bears the name of the Albanian, Muslim photographer Refik Veseli, who saved the lives of Jews during World War II. ◆

04

Architekt
Architect
Johannes Uhl

Objekt
Object
Hotel und Geschäftshaus

Ort
Location
Hasenheide 14, Friedrichshain-Kreuzberg

Entwurf
Designed
1989

Fertigstellung
Completed
1990

Was aussieht wie zwei Gebäude ist in Wirklichkeit ein einziges zusammenhängendes auf einer besonders breiten Parzelle, die ursprünglich auch zwei Hausnummern trug. Es ist Teil einer Blockrandbebauung unweit des Hermannplatzes, im Süden auf der gegenüberliegenden Straßenseite liegt die Hasenheide, eine 50 Hektar große Parkanlage. Ihr Name stammt noch aus dem 17. Jahrhundert, als die Heide ein großes Hasengehege war, in dem Friedrich Wilhelm, Kurfürst von Brandenburg und Herzog von Preußen gern jagte. Anfang des 19. Jahrhunderts richtete Friedrich Ludwig Jahn hier einen großen Turnplatz ein und im 20. Jahrhundert wurde der öffentliche Park angelegt.

Für das siebengeschossige Geschäftshaus, für das der Architekt Johannes Uhl (1935–2018) den Entwurf liefert, wird noch während der Planung und Ausführung eine Nutzungsänderung vorgenommen. Das Erdgeschoss und das erste Obergeschoss sollen nach wie vor als zusammenhängende Ladenfläche dienen, die Obergeschosse zwei bis sechs nun aber ein sogenanntes Um- oder Aussiedlerheim beherbergen, was einem Hotel sehr nahekommt. Nach der Schließung des Heims 1997 wird das Gebäude in diesen fünf Geschossen dann auch als Hotel weitergenutzt.

Das etwa 36 Meter breite und in den Obergeschossen knapp 16 Meter tiefe Gebäude hat im Grundriss die Form eines Parallelogramms. Es ist in neun Raumachsen gegliedert, die in den drei unteren Geschossen auch die Straßenfassade strukturieren. Etwas außermittig markiert ein gebäudehoher Rücksprung oder eingedrückter Knick im Erdgeschoss den Eingang zum Hotel und in den oberen Geschossen die suggerierte Hausgrenze. Die große Ladenfläche nimmt, anders als der dreigeschossige Sockel vermuten lässt, nur zwei oberirdische Geschosse ein, hat aber einen tiefen Erweiterungsbau im Hof.

Das Hotel beginnt im zweiten Obergeschoss und hat hier seinen Empfang und einen fächerförmigen Wintergarten als Frühstückssaal auf dem Dach des darunterliegenden Ladens. Die Haupttreppe mit den Aufzügen und ein zweites Treppenhaus sind zur Straße platziert, sie nehmen, ebenso wie die an einem Mittelflur aufgereihten Hotelzimmer, jeweils eine Raumachse ein. Auf fünf Geschossen gibt es gut 60 Doppelzimmer mit Bad, im Dachgeschoss zudem einen Konferenzraum.

Die innere Struktur des Gebäudes mit neun Achsen hätte durchaus in ein regelmäßiges Fassadenbild münden können, was aber vom Architekten mit allen Mitteln vermieden wurde. Die Fassade ist eine Bricolage aus Ordnungen und Elementen, Zitaten und Fragmenten, die Suggestion von zwei Häusern beginnt auf halber Höhe. Das westliche „Haus" hat eine gerasterte Glasfassade und schließt oben mit einem langem Pflanztrog und einem wellenförmigen Fächer auf dem Dach ab. Das östliche hat eine massive Außenwand und Fensteröffnungen unterschiedlichster Formen, einige wie Augenpaare, einige scheinen sich in einem Prozess des Aufrichtens zu befinden, die Wandflächen sind weiß verputzt oder türkisfarben gefliest mit gelben und roten Streifen wie Karikaturen von

Ludwig van Beethoven

Hotel Ludwig van Beethoven
P Hotel
CONRAD Parkplatz
P Hotel
CONRAD
CONRAD

CONRAD
Eingang
Eingang
CONRAD
Café
Bistro
CASH

Gesimsbändern. Und wie beim Berliner Miethaus üblich, gibt es auch hier einen Erker, allerdings einen, der nach oben wie in einer Hin- und Her-Bewegung an Breite verliert und über die Traufinie hinausschießt. Vor dem Fassadenknick, der die vermeintliche Hausteilung markiert, hängen am Podest des zentralen Treppenhauses gekurvte Austritte mit massiven Brüstungen, die wie Scharniere erscheinen.

So widersprüchlich, fragmentarisch bunt und irritierend die Fassade zur Straße ist, so einfach und nahezu symmetrisch ist sie zum Hof, wo es pro Raumachse zwei Fenster gibt und in der Mitte einen breiten Erker.

Uhl notierte einmal, er liebe Formen, die sich bewegen, aufrichten, zusammenfallen, kräuseln, krümmen, Schritte tun, er liebe die reduziert abgebildete Bewegung tief drinnen, das zurückgehaltene Ungleichgewicht, das aus sich herausfallen will.[1] Unabhängig davon, ob sich diese Formen der Bewegung mit architektonischen Mitteln ausdrücken lassen – dieser Liebe des Architekten hat das eigentlich gewöhnliche Geschäftshaus und Hotel, das sein letztes Werk ist, seine im besten Sinne überspannte Fassade zu verdanken. ●

1
vgl. Johannes Uhl: Zeichnen und bauen, Berlin 1987

What looks like two buildings is actually a single, interconnected structure on a particularly wide plot, originally designated by two different house numbers. It forms part of a development on the periphery of a block near Hermannplatz. Hasenheide, a 50-hectare park, lies to the south on the opposite side of the street. The name originated in the 17th century when the heath was a large rabbit enclosure in which Frederick William, Elector of Brandenburg and Duke of Prussia, liked to hunt. In the early 19th century, Friedrich Ludwig Jahn set up a large open-air gymnasium here, and in the 20th century, it was turned into a public park.

Already during the planning and construction process of the seven-story business premises, for which architect Johannes Uhl (1935–2018) delivered the design, a change of use was implemented. The ground floor and first floor would still serve as a continuous retail space, but the second through the sixth floors would now accommodate a home for refugees or evacuees, which closely resembled a hotel. After the home closed in 1997, the five-story building actually opened its doors as a hotel.

The layout of the approximately 36-meter-wide building, with a depth of about 16 meters on the upper floors, takes on the shape of a parallelogram. It is divided into nine spatial axes which also structure the street facade on the three bottom floors. Slightly off-center, a building-high recess or impressed kink marks the hotel entrance on the ground floor and the suggested house border on the upper floors. In contrast to what the three-story base appears to indicate, the large retail space only takes up two aboveground stories but also includes a deep extension in the courtyard.

The hotel starts on the second floor, which accommodates its reception and a fan-shaped conservatory that serves as the breakfast hall on the roof of the store below. The main stairs with elevators and a second staircase face the street. Each of these occupies a spatial axis, as do the hotel rooms lined up along a central hallway. The five stories incorporate 60 double rooms with a bathroom, and the top floor also houses a conference room.

The internal structure of the building with its nine axes could easily have flowed into a regular facade image, but the architect avoided this at all costs. The facade is a bricolage of orders and elements, citations and fragments, the suggestion of two houses starts halfway up the building. The western "house" has a screened glass façade and is concluded by a long plant trough and a wave-shaped fan on the roof. The one to the east features a solid exterior wall and window openings in all kinds of shapes - some look like a pair of eyes, others appear to be in the process of straightening up -, the wall surfaces are plastered in white or covered in turquoise tiles with yellow and red stripes, like caricatures of cornice bands. And as is common in Berlin's apartment buildings, this one also comes with an oriel, although one that loses width as it moves upwards, as if through back-and-forth motions, and shoots out beyond the eaves line. In front of the bend in the facade, which marks the

alleged border between the houses, curved egressions with solid balustrades hang from the landing of the central stairwell, giving the impression of hinges. While the facade facing the street appears contradictory, fragmentarily colorful, and irritating, the courtyard side is all the more simple and nearly symmetrical, with two windows per spatial axis and a broad oriel in the middle.

Uhl once commented that he loves shapes that move, stand up, collapse, ruffle, bend, take steps, that he loves the reduced depicted movement in the inner depths, the restrained imbalance that wants to fall out of itself.[1] Regardless of whether these architectural methods are capable of expressing such types of movement – the otherwise ordinary business premises and hotel, which is the architect's last work, owes its extravagant (in the best sense of the word) facade to his passion. ◆

1
cf. Johannes Uhl: Zeichnen und bauen, Berlin 1987

05

Architekt
Architect
Gino Valle

Objekt
Object
Grundschule

Ort
Location
Friedrichstraße 13, Lindenstraße 98–106, Friedrichshain-Kreuzberg

Entwurf
Designed
1983

Fertigstellung
Completed
1990

Ganz im Süden der südlichen Friedrichstadt kollidieren die beiden großen städtebaulichen Leitbilder der Nachkriegsjahrzehnte bis heute verstörend und womöglich unlösbar. Als im Rahmen der Internationalen Bauausstellung der Bereich in den 1980er–Jahren zum Demonstrationsgebiet für eine Kritische Rekonstruktion erklärt wird, ist rund um den Mehringplatz der alte Stadtgrundriss bereits gründlich torpediert. Der runde Platz, der im frühen 18. Jahrhundert als Rondell Berlins südliches Eingangstor bildete, war nach Kriegszerstörung und willentlichem Abriss in den 1960er–Jahren nach dem Konzept von Hans Scharoun und Werner Düttmann mit Wohnhäusern neu bebaut worden. Die von Norden ursprünglich direkt auf den Platz mündenden Wilhelm- und Lindenstraße hatte man verschwenkt und die Friedrichstraße beschnitten. Nach damaliger Überzeugung hatte eine Straße eine mindestens vierspurige Schneise zu sein und Wohnen rein und ungestört in begrünten Fußgängerbereichen stattzufinden.

Obwohl hier also längst ganz andere Tatsachen geschaffen waren, wurde in dem 1983 ausgelobten Wettbewerb für eine Grund- und Sonderschule ein Rückbau der Lindenstraße in ihren alten Verlauf noch erwogen. Und weil man sich dazu dann doch nicht durchringen wollte, war der Entwurf von Gino Valle (1923–2003) mehrfach überzeugend: sein Schulgebäude ist bau- und raumtypologisch vielgestaltig und gleichzeitig übersichtlich und es nimmt den Rückbau der Lindenstraße weder vorweg, noch macht er ihn in Zukunft unmöglich.

An die adressgebende Friedrichstraße setzt Gino Valle in die parzellenbreite Lücke der Blockrandbebauung das Eingangsgebäude der Schule und dahinter, in Richtung Lindenstraße, wo der Block offen ist, eine kammartige Struktur, deren vier Flügel bis zu einer ideellen Fluchtlinie heranreichen, die parallel zum ursprünglichen Verlauf der Lindenstraße liegt. Die Sporthallen werden zu einem großen Sockel und ihre Dächer zu Pausenhof-Terrassen. Der Bereich, den womöglich die Lindenstraße einmal wieder einnehmen könnte, wird nur von einem Sportfeld besetzt, ein verbindender Fußweg führt südlich der Blumengroßmarkthalle entlang und direkt auf das Portal des vormaligen Kollegienhauses und jetzigen Jüdischen Museums zu.

Das Gebäude an der Friedrichstraße beherbergt die Verwaltung und den halboffenen Ein- und Aufgang zur rückwärtigen Verteil- und Pausenhofebene. Gino Valle gliedert es in einen traufständigen fünfgeschossigen Teil und einen niedrigeren mit Giebel und Bogenfenster, betont mit einem hohen schlanken Runderker plastisch die leichte Asymmetrie und gibt ihm einen orange-roséfarbenen Putz und einen Sockel aus rotem Stein. Es sieht nicht aus wie ein typisches Berliner Wohnhaus, aber es erzählt doch viel mehr die Geschichte von einem Wohnhaus als die von einem Schulgebäude.

Der Aufgang führt in das Quergebäude der dreigeschossigen kammförmigen Anlage mit den Klassentrakten und dem dazwischen liegenden Pausenhof auf dem Dach der darunterliegenden Sport- und Schwimmhallen. Die beiden weiteren Höfe sind ebenerdig und als Gärten gestaltet. Die Grundschule

GALILEI
13
COCKTAILBAR

ist dreizügig und für 550 Kinder ausgelegt, in der integrierten Sonderschule werden 300 sprachbehinderte Kinder unterrichtet. Sie ist nach dem italienischen Universalgelehrten Galileo Galilei (1564–1642) benannt.

Die Schule hat mit Aldo Rossis Grundschule im norditalienischen Ort Fagnano Olona aus dem Jahr 1976 einen prototypischen Verwandten. Gino Valle transformiert die Idee von der Schule als einer kleinen Stadt und fügt sie passgenau in Berlins Maßstab und Systematik von Straße, Block und Haus. ●

In the very south of southern Friedrichstadt, the two major principles of urban development that were prominent during the post-war decades collide in a way that still feels unsettling and possibly unresolvable today. When this section was declared a demonstration area for a Critical Reconstruction within the framework of the International Architecture Exhibition in the 1980's, the old city layout around Mehringplatz had already been thoroughly torpedoed. The round square represented Berlin's southern entrance gate in the form of a rotary in the early 18th century. Following wartime destruction and deliberate demolition in the 1960's, Hans Scharoun and Werner Düttmann provided a concept for a new residential development. Willhelmstrasse and Lindenstrasse, which had originally led directly to the square from the north, were rerouted, and Friedrichstrasse was shortened. According to the convictions of the time, a street should consist of four lanes and living spaces should be restricted to green, peaceful pedestrianized areas.

Despite the new layout that had already graced the square for decades, the organizers of a competition initiated in 1983, with the aim of building an elementary and special school, considered rerouting Lindenstrasse back to its old course. But when they couldn't bring themselves to go through with this plan, the design by Gino Valle (1923–2003) became all the more convincing: In terms of building and room typology, he presented a multiform but still clearly laid out school building which neither preempted the rerouting of Lindenstrasse nor made it impossible in the future.

On Friedrichstrasse – the street listed as the building's address – Gino Valle placed the school's entrance building in the plot-wide gap of the development on the periphery of the block, and behind it towards Lindenstrasse, where the block is open, a comb-like structure with four wings that come up to an imaginary building line running parallel to the original course of Lindenstrasse. The sports halls act as a large base, and their roofs serve as schoolyard terraces. The area that Lindenstrasse could potentially take over again in the future only accommodates a sports field. A connecting path runs south of the flower market hall and leads directly to the gateway of the former Collegienhaus, now the Jewish Museum.

The building on Friedrichstrasse houses the administration and the half-open entrance and staircase to the rearward main traffic area and schoolyard. Gino Valle divided it into a side-gabled, five-story section and a lower area with a gable and arched window, sculpturally highlighted the slight asymmetry with a tall, narrow round oriel, and donned it with orange and pink plaster and a red stone base. It doesn't look like a typical Berlin apartment building, but it seems to tell the story of a residential building, not a schoolhouse.

The staircase leads into the side building of the three-story, comb-shaped facility with the classroom tracts and the schoolyard, which sits in between and on the roof of the sports and swimming halls. The other two courtyards are at ground level and conceptualized as gardens. The elementary school accommodates three classes per grade level and is designed for 550 children; 300 children with speech impediments attend the integrated special school. It is named after the Italian universal scholar Galileo Galilei (1564–1642).

The school has a prototypical relative in the form of the Aldo Rossi elementary school from the year 1976 in the northern Italian town of Fagnano Olona. Gino Valle transformed the idea behind the school from a small town and precisely inserted it into Berlin's dimensions and street-block-and-house system. ◆

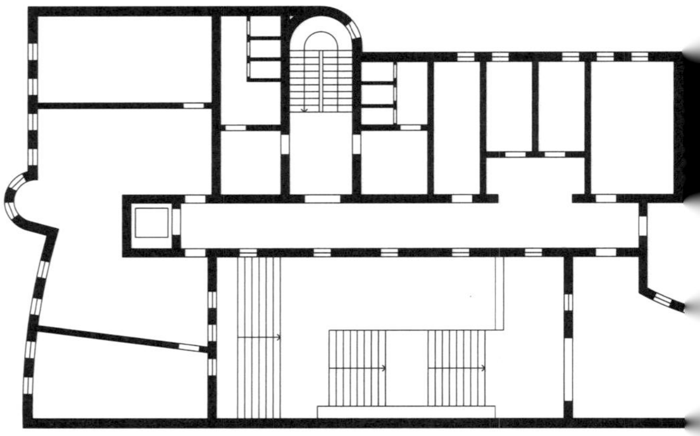

Gino Valle transformiert die Idee von der Schule als einer kleinen Stadt und fügt sie passgenau in Berlins Maßstab und Systematik von Straße, Block und Haus.

Gino Valle transformed the idea behind the school from a small town and precisely inserted it into Berlin's dimensions and street-block-and-house system.

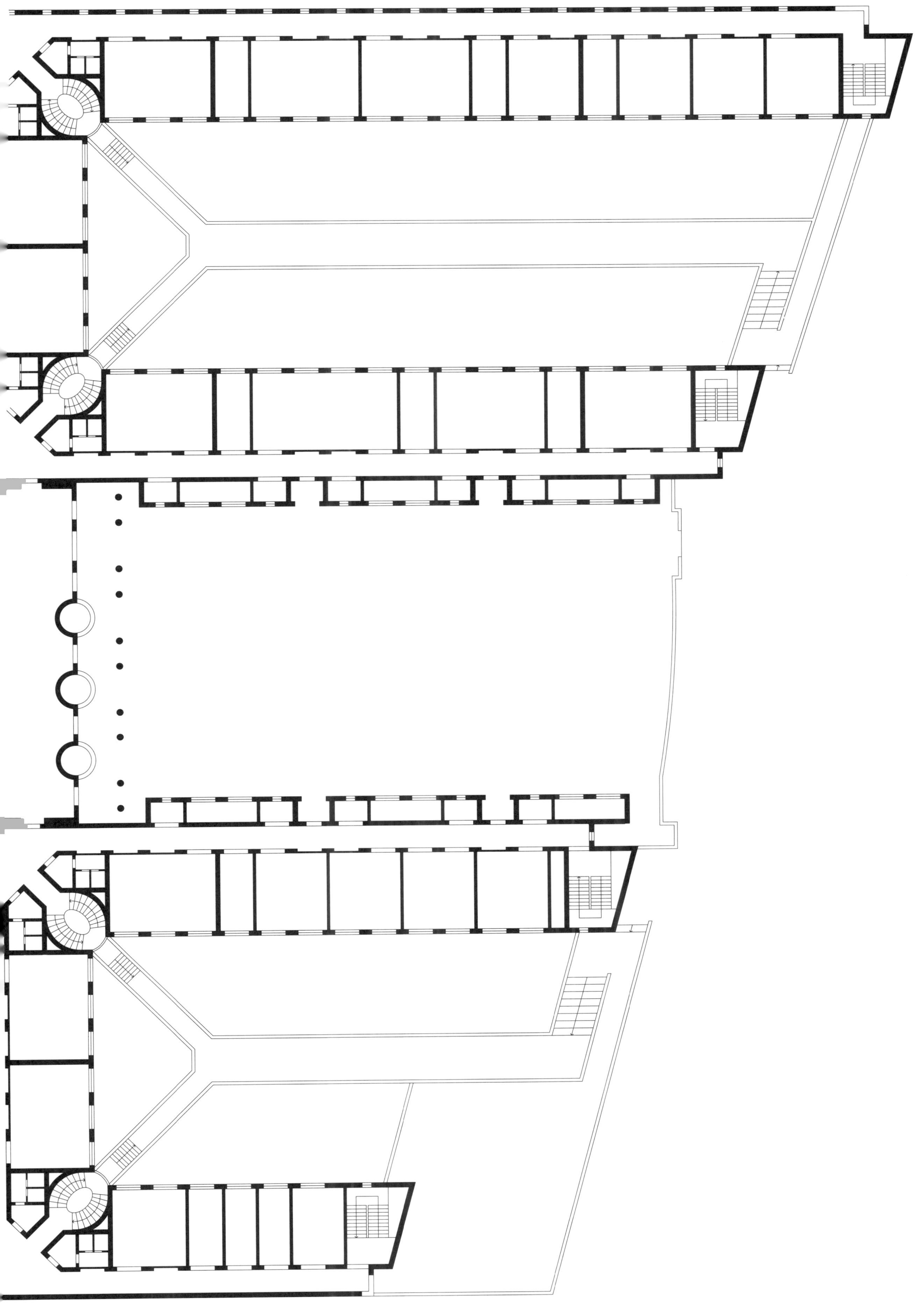

06

Architekt
Architect
Heinz Graffunder

Objekt
Object
Dickhäuterhaus

Ort
Location
Am Tierpark 39, Lichtenberg

Fertigstellung
Completion
1989

Dass der Mensch sich Tiere hält, ohne sie für seinen Lebensunterhalt zu benötigen, zum reinen Vergnügen, ist eine viele Tausend Jahre alte Geschichte. Menagerien sind lange Privileg und Statussymbol von Herrschern, Kaisern und Königen und erst seit dem ausgehenden 18. Jahrhundert verbindet sich mit der Tierhaltung auch ein wissenschaftlicher Forschungsdrang. In diesem Humboldtschen Geist eröffnet 1844 der Zoologische Garten in Charlottenburg und in der Folge gründet nahezu jede große Stadt eine parkähnliche öffentliche Anlage, in der verschiedene Tierarten zur Schau gestellt, erforscht und zuweilen auch in ihrer Art geschützt werden.

Dass der Mensch seitdem auf das Vergnügen der Tierbeschau nicht verzichten mag, hat der Stadt Berlin nach ihrer Teilung einen zweiten Zoo be-schert. Gut hundert Jahre nach dem Zoologischen Garten eröffnet 1955 der Tierpark in Ost-Berlin – im Schlosspark Friedrichsfelde, der zuvor 140 Jahre lang Sitz, Gutshof und Garten der Familie von Treskow war. Der von Peter Joseph Lenné Anfang des 19. Jahrhunderts als englischer Landschaftsgarten angelegte Bereich östlich des Schlosses wird nach dem Masterplan des Architekten Heinz Graffunder (1926–1994) zum Tierpark umgestaltet. Graffunder entwirft mit dem Raubkatzen- und dem Dickhäuterhaus auch die beiden größten Gebäude und konzipiert in der Folge weitere Zoos für Cottbus, Erfurt, Magdeburg und Rostock.

Während im älteren Zoologischen Garten in West-Berlin die Tierhäuser noch durch Kuppeln, Pagoden, Türme oder Minarette von der Exotik der Herkunftsländer der Tiere erzählen, entsteht die Ost-Berliner Anlage nach den damals aktuellen Erkenntnissen zur Tierhaltung: Gehege und Ausstattung orientieren sich stärker an den natürlichen Lebensbedingungen, die Gebäude sind als klimatisch kontrollierbare Ergänzungen der Außenbereiche angelegt und entsprechend groß, licht und bepflanzt; Gitter sind durch breite Gräben ersetzt.

Das Dickhäuterhaus ist ein knapp hundert Meter langer und mit rund neun Metern Höhe recht flacher Baukörper, dessen vier Ecken durch leichte Überhöhungen festungsartig betont sind. Im Norden, wo sich der Eingang befindet, ist er 50 Meter breit, im Süden 87 Meter. Das Zentrum bildet eine große Halle für die Besucher, die wie eine künstliche Landschaft mit Treppen, Podesten und Pflanztrögen gestaltet ist und Tageslicht durch ein kreuzförmiges Oberlicht erhält. Rundum sind – durch Trockengräben von den Besuchern getrennt – die Boxen für afrikanische und asiatische Elefanten und Nashörner im Wechsel mit Wasserbecken angeordnet. In den Ecktürmen befinden sich die Futterlager und -küchen, Isolier- und Technikräume, Büros und eine Wohnung, den äußeren Ring bildet ein umlaufender Gang für das Personal zur Pflege und Versorgung der Tiere.

Die Fassade des Dickhäuterhauses wird aus vorgefertigten Stahlbetonplatten gebildet, schmale Fenster gibt es nur vereinzelt und in unsystematischer Anordnung. Belichtet wird die Halle von oben durch eine aufwändige Stahl-Glas-Konstruktion. Ihren Auftakt mit dem Besuchereingang im Norden bilden drei gereihte hohe Glaskörper auf dreiecksförmigem Grundriss, deren spitze gläserne Dächer in ansteigende Oberlichter übergehen und in der Raummitte in ein großes Glashaus mit Zeltdach münden. Am südlichen Ende dieser

Längsachse stehen erneut drei Glaskörper als Ausgang für die Tierpfleger zu den Außengehegen. Die Freigehege sind in gekurvten Konturen mit Gräben, Wasserflächen und Pflanzbecken rund um das Gebäude angeordnet, vor die Hausfassaden sind als Schutz und Kulisse Felsbrocken aufgetürmt.

Einiges Befremden lösen die Herleitungsversuche Graffunders zur Formfindung des Dickhäuterhauses aus. Die Bauaufgabe Zoo macht in seinem Gesamtwerk (zu dem auch der inzwischen abgerissene Palast der Republik gehört) einen quantitativ gewichtigen Teil aus, Umsetzungen in konkrete Entwürfe sind also zahlreich. Eine Idee oder ein Thema zur Architektur von Zoogebäuden, zu ihrem Ausdruck und ihrer Wirkung aber entwickelt Graffunder nicht.[1] Vielmehr überführt er für das Dickhäuterhaus Skizzen von Elefantenköpfen mit sehr großen Ohren stilisiert in Grundriss und Dachaufsicht. Aus dem schweren Schädel mit Rüssel, Augen und Stirn wird die Gesamtform mit den Oberlichtern, aus den Ohren werden die Außengehege.

Eine Formfindung nach rein technischen und funktionalen Aspekten genügt Graffunder also nicht. Hierauf verweisen aber weniger die hilflos wirkenden Skizzen als vielmehr die formal und räumlich beeindruckenden Oberlichtkonstruktionen, die für den Plattenbau ein architektonischer Befreiungsschlag sind.

Zurzeit wird das Dickhäuterhaus umgestaltet. Es soll sowohl das Wohlbefinden der Tiere als auch der Erlebnis- und Vergnügungsfaktor der Besucher gesteigert werden. ●

1
Graffunder notiert in einem Zeitschriftenaufsatz zwar den Begriff der „schöpferischen Arbeit" und dass er hierfür Zoos im In- und Ausland besucht und studiert habe, benennt darin aber ausschließlich technische und funktionale Aspekte (Heinz Graffunder: Zoo und Architekur in: Urania, Heft 5, 1968). Dass Zoogebäude auch eine neue und eigenständige Form und Ausdruckskraft haben können, beweisen u. a. die Entwürfe des nach England emigrierten russischen Architekten Berthold Lubetkin (1901–1980) aus den 1930er-Jahren. London könnte sich auf Graffunders Reiseroute befunden haben.

The practice of keeping animals as pets – without needing them to contribute to one's livelihood, but simply for pleasure – can be traced back thousands of years. Menageries have long served as a status symbol and were a privilege enjoyed by rulers, emperors, and kings. Not until the late 18th century did keeping animals become linked to the drive to further scientific research. In this Humboldtian spirit, the Zoological Gardens in Charlottenburg opened their doors in 1844. Nearly every major city followed suit and set up its own park-like public facility to put various animal species on display, research them, and occasionally also protect them.

Ever since, people haven't wanted to miss out on the joy of marveling at animals, which is why the city of Berlin ended up with a second zoo following its division into East and West. Approximately a hundred years after the opening of the Zoological Gardens, Tierpark Berlin set up shop in East Berlin in 1955 – in Schlosspark Friedrichsfelde, to be exact, which had served as the residence, estate, and garden of the von Treskow family for 140 years beforehand. The area to the east of the castle, which was arranged as an English landscaped garden by Peter Joseph at the start of the 19th century, was redesigned into a zoo in accordance with the master plan by architect Heinz Graffunder (1926–1994). Graffunder also conceptualized the two largest buildings, the feline predator and pachyderm houses, and helped develop further zoos for the cities of Cottbus, Erfurt, Magdeburg, and Rostock.

While the animal houses in the older Zoological Gardens in West Berlin showcase their exotic origins through domes, pagodas, towers, and minarets, the latest findings on keeping animals provided the foundations for the facility in East Berlin: Enclosures and equipment more closely mirror the animals' natural habitats, the buildings are set up as climate-controlled additions to the outside areas and are accordingly spacious, light, and enhanced with plants. Bars have been replaced by wide trenches.

The pachyderm house measures one hundred meters in length and nine meters in height. The cambers in the four corners give the relatively flat structure a fortress-like touch. To the north, where the entrance is located, it spans a width of 50 meters, growing to 87 meters to the south. A large hall for visitors forms the center of the building, designed as an artificial landscape with stairs, podiums, and plant troughs. A cross-shaped skylight floods the building with daylight. The boxes for the African and Asian elephants as well as rhinoceroses are arranged around the hall – separated from the visitors through dry trenches – and alternate with water basins. The corner towers contain the feed stores and kitchens, isolation and utility rooms, offices, and an

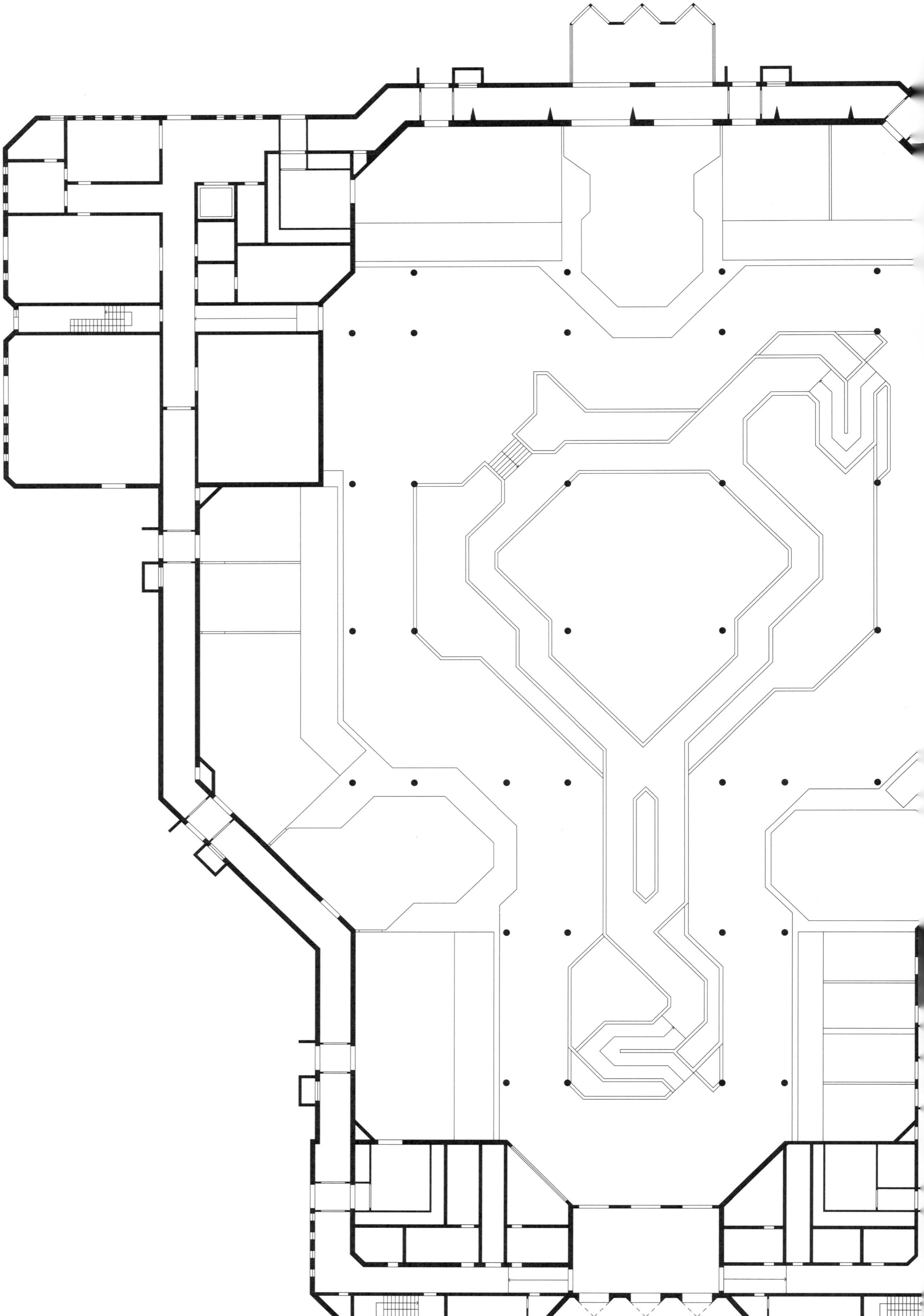

apartment with an outer ring that forms a circumferential corridor for the staff to feed and care for the animals.

The facade of the pachyderm house is made up of prefabricated reinforced concrete slabs, with only a few, unsystematically arranged narrow windows. An elaborate steel-and-glass construction illuminates the hall from above. It begins at the visitors' entrance to the north with three tall glass bodies in a row on a triangular layout, with pointy glass roofs that merge into ascending skylights and meet in the center of the room in a glass house with a pavilion roof. Another three glass bodies are placed at the southern end of this longitudinal axis, forming the exit for the animal keepers to access the outdoor enclosures. The open-air enclosures are positioned around the building in curved contours with trenches, water surfaces, and plant basins. Boulders are piled up in front of the house facades to provide protection and enhance the scenery.

Graffunder's attempts at derivation for determining the shape of the pachyderm house do give rise to some puzzlement. The task of building a zoo makes up a significant proportion of his overall work (which includes the now demolished Palace of the Republic), so there are numerous implementations of specific designs. But Graffunder never developed an idea or a theme on the architecture of zoo buildings.[1] Moreover, for the pachyderm house, he transposed stylized sketches of elephant heads with large ears into the layout and top view of the roof. The heavy skulls with trunks, eyes, and forehead turn into the overall shape with skylights, while the ears form the outdoor enclosures.

We can therefore surmise that form form-finding purely on technical and functional aspects doesn't suffice for Graffunder. But it isn't the sketches with their somewhat helpless appearance that point to this. Instead, this is suggested by the formally and spatially impressive skylight constructions that seize architectural freedom in this prefabricated construction.

The pachyderm house is currently being redesigned, with the aim of increasing the animals' well-being as well as the experience and entertainment value for visitors. ◆

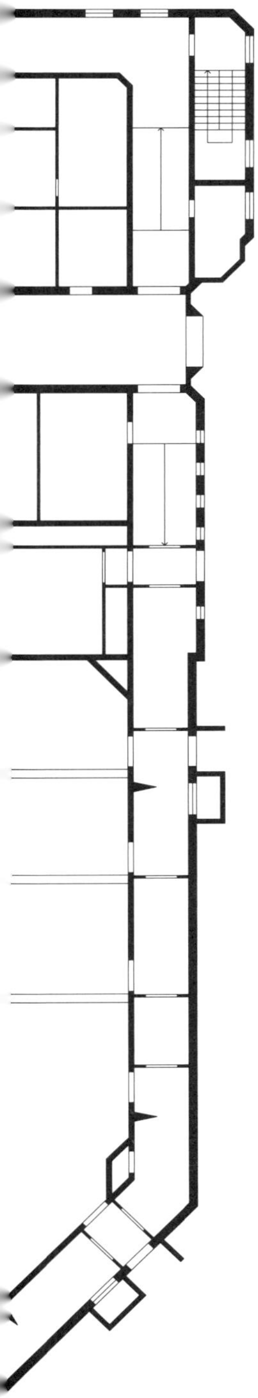

1
Graffunder does mention the term "creative work" in a magazine essay, noting that he had visited zoos in Germany and abroad for this purpose, but he exclusively refers to technical and functional aspects (Heinz Graffunder: Zoo und Architekur in: Urania, Issue 5, 1968). Among others, designs drafted in the 1930's by the Russian architect Berthold Lubetkin (1901–1980), who emigrated to England, prove that zoo buildings can also have a new and original form and expressiveness. London may have been a stop on Graffunder's itinerary.

07

Architekt
Architect

Jochen Jentsch, Bernhard Brabetz und Klaus Bendler

Objekt
Object

Bürogebäude der Kommunalen Wohnungsverwaltung

(heute Wohnungsbaugesellschaft Berlin-Mitte)

Ort
Location

Dircksenstraße 38, Mitte

Fertigstellung
Completion

1987

In der leichten Kurve, in der das Viadukt der Berliner Stadtbahn zwischen den Bahnhöfen Hackescher Markt und Alexanderplatz verläuft, verläuft auch die Dircksenstraße und mit ihr die Straßenfassade des Bürogebäudes der Kommunalen Wohnungsverwaltung. Das ist schon deshalb effektvoll, weil sie hier mit knapp 50 Metern eine ungewöhnlich große Länge hat. Das Grundstück wurde vor dem Zweiten Weltkrieg noch aus drei Parzellen gebildet, auf denen drei Mietwohnhäuser standen.

Das Verwaltungsgebäude hat sechs Geschosse und schließt U-förmig mit unterschiedlich tiefen Schenkeln die Blockecke zur Rochstraße. Diese Ecke wird durch ein Staffelgeschoss und einen nochmals zurückspringenden Aufbau überhöht. Anders als in der DDR jahrzehntelang üblich ist der Funktionskomplex Dircksenstraße des VEB KWV Berlin-Mitte, wie man im offiziellen Jargon der DDR sagte, kein Plattenbau, sondern eine Stahlbetonkonstruktion mit individueller, horizontal gegliederter Fassade. Die durchlaufenden Bänder der Fenster, hellen Deckenplatten und mit braunen Keramikfliesen verkleideten Brüstungen werden nur im Bereich des Eingangs und Haupttreppenhauses unterbrochen, wo die Fassade auf ganzer Höhe leicht zurückspringt. Sie ist hier als Vorhangfassade ausgebildet und liegt etwa in einer Ebene mit dem Staffelgeschoss und dem ebenfalls leicht zurückgesetzten Erdgeschoss. Im Bereich dieses Rücksprungs, an der Blockecke und an den Anschlüssen zu den Nachbarn sind die Fenster, Decken und Brüstungsbänder gerundet ausgebildet.

Hinter den langen Fensterbändern sind in den Obergeschossen Büroräume aufgereiht, straßenseitig und hofseitig, mit Mittelflur. Im Erdgeschoss befindet sich beim Haupteingang eine Kantine und entlang der Dircksenstraße hinter einer geschlossenen Fassade ein Werkstattbereich mit Zufahrt in den Hof.

Die äußere Erscheinung und Wirkung des Gebäudes ist mehr als ungewöhnlich für Ost-Berlin und die 1980er-Jahre. Seine horizontale Gliederung und die leichten Kurven lassen an Erich Mendelsohn (1887–1953) denken, beispielsweise an das Kaufhaus für Rudolf Petersdorff in Breslau von 1928. Ein noch näher liegendes Vorbild ist das nur eine Straße weiter an der Dircksen-Ecke Rosa-Luxemburg-Straße stehende Bürogebäude, das der Architekt Alfred Grenander (1863–1931) ebenfalls Ende der 1920er-Jahre für die Berliner Verkehrs-AG (BVG) entworfen hat. Das Gebäude hat eine Fassade von ähnlicher Gliederung und Farbigkeit: liegende Fensterformate, Brüstungsbereiche aus rotbraunem Klinker und Sturzbänder und Pfeiler aus hellem Naturstein.

WBM
BERLINER:
HALTET
ZUSAMMEN.
UND DIE
CORONA-
REGELN
EIN.
Rochstraße
Dircksenstraße

Das gute Vorbild von nebenan schmälert aber nicht die Qualität des Gebäudes der Wohnungsverwaltung. Seine Architekten Jochen Jentsch, Bernhard Brabetz und Klaus Bendler waren in ihrem Kombinatsbetrieb eigentlich für die Planung von Kohle- und Kernkraftwerken zuständig und erhielten, wohl aus Kapazitätsgründen, die Aufgabe, dieses städtische Bürohaus zu entwerfen. Sie hätten es sich auch viel einfacher machen können. ●

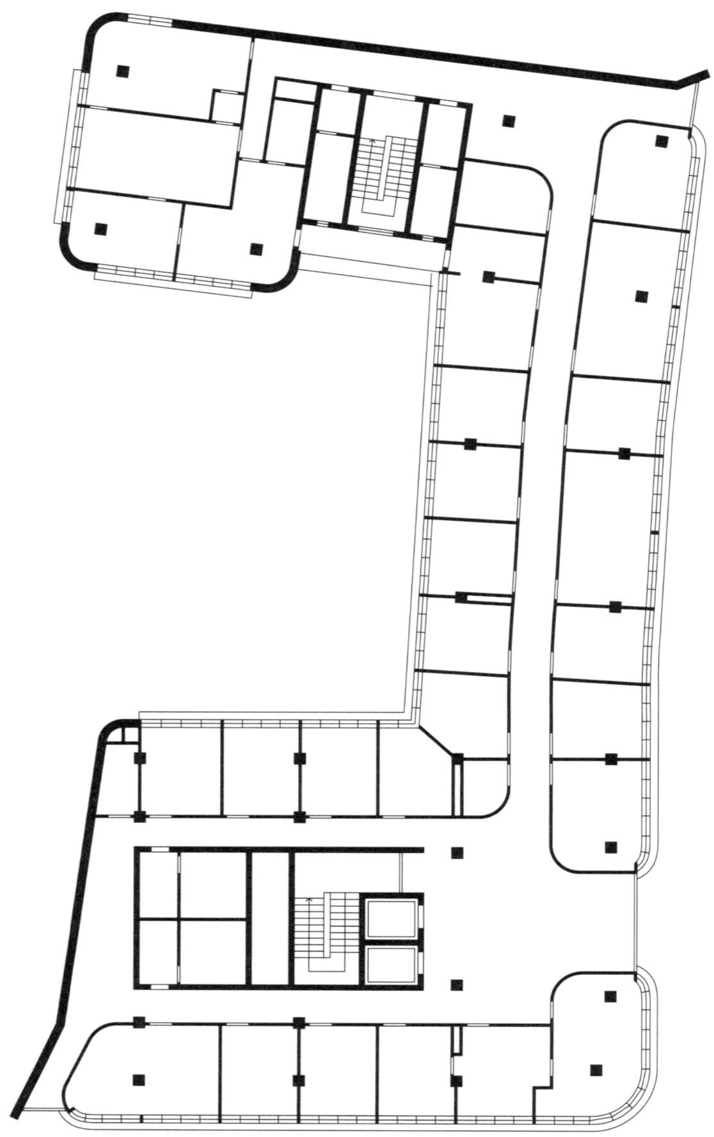

The viaduct of the Berlin Stadtbahn (city railway) runs along a slight curve between the stations Hackescher Markt and Alexanderplatz – and Dircksenstrasse, along with the street facade of the Communal Housing Administration's office building, follows the same contours. This in itself creates quite an impact, as it extends to an unusual length of about 50 meters. The property was formed out of three lots before World War II, which were home to three rental apartment buildings.

The administrative building has six stories and closes off the corner of the block on Rochstrasse in a U-shape with flanks of different depths. This corner is superelevated by a penthouse level and an even further recessed structure. Contrasting the decades-long standard practice in the GDR, the functional complex on Dircksenstrasse of the VEB KWV Berlin-Mitte, as it was called in official GDR jargon, wasn't a prefabricated building, but instead a reinforced concrete construction with an individual, horizontally structured facade. The continuous bands of windows, light-colored ceiling panels, and balustrades clad with brown ceramic tiles are only interrupted in the entrance area and the main stairwell, where the facade is slightly recessed along its entire height. Here, it takes the shape of a curtain wall and sits at approximately the same level as the penthouse floor and the also slightly set-back ground floor. The windows, ceilings, and balustrades are placed along the curve in the area of this recess, at the corner of the block, and where the building connects to its neighbors.

On the top floors, offices are lined up behind long strips of windows, both on the side of the street and facing the courtyard, separated by a central corridor. The ground floor contains a canteen by the main entrance as well as a workshop area with an access road to the courtyard behind a closed facade along Dircksenstrasse.

The building's external appearance and impact are more than unusual for East Berlin and the 1980's. Its horizontal structure and slight curves are reminiscent of Erich Mendelsohn (1887–1953), for example, his department store for Rudolf Petersdorff in Wroclaw from 1928. An even closer role model can be found just one street away, on the corner of Dircksenstrasse and Rosa-Luxemburg-Strasse: The office building that stands here is the work of architect Alfred Grenander (1863–1931), also designed for the Berliner Verkehrs-AG (BVG) in the 1920's. The building's facade shows many similarities in terms of its structure and colors: horizontal window formats, reddish brown clinker balustrade areas, and lintel strips and columns made of light natural stone.

But the role model next door by no means detracts from the quality of the housing administration's building. Its architects Jochen Jentsch, Bernhard Brabetz, and Klaus Bendler were actually responsible for planning coal and nuclear power plants for their combined enterprise when they were tasked with designing this urban office building, most likely for reasons of capacity. They could have made things much easier for themselves. ◆

08

Architekt
Architect
Roland Korn und Bernd Seidel

Objekt
Object
Hotel

Ort
Location
Mohrenstraße 30, Mitte

Fertigstellung
Completion
1990

„Devisenhotel" nannte man in der DDR diejenigen Beherbergungs- und Verpflegungsbetriebe der höchsten Kategorie, die für Gäste aus den nichtsozialistischen Wirtschaftsgebieten vorgesehen waren – gegen Bezahlung in Fremdwährung. Für den Bau und Betrieb dieser Hotels hatte man mit Interhotel in den 1960er-Jahren eine eigene Hotelkette gegründet. Auch das Dom-Hotel am Gendarmenmarkt entsteht 1989 noch als Interhotel, wird aber nach der Wiedervereinigung von der US-amerikanischen Hotelkette Hilton gekauft. Diese betreibt es bis heute, hat das Haus aber inzwischen wieder verkauft.

Das Dom-Hotel bildet den Abschluss des Wiederaufbaus der Bebauung am Gendarmenmarkt. Für den im Zweiten Weltkrieg stark zerstörten Platz hatte ein Planungskollektiv um Manfred Prasser (1933–2018) Leitlinien für den Wiederaufbau entwickelt, die die Wiederherstellung von Karl Friedrich Schinkels Schauspielhaus und Karl von Gontards Deutschem und Französischem Dom vorsahen sowie die Wiederherstellung der Raumform in ihrer historischen Kontur. Die den Platz umgebenden Blöcke wurden allerdings nicht in ihrer vorherigen Parzellenstruktur kleinteilig bebaut, sondern in größerem Maßstab in Stahlskelettbauweise mit vorgehängten Fertigteil-Fassaden nach fiktiven historischen Vorbildern. Der für das Hotel vorgesehene Block zwischen Mohren-, Markgrafen-, Kronen- und Charlottenstraße war vor der Zerstörung mit 18 Wohn- und Geschäftshäusern bebaut, von denen sieben die südliche Platzwand des Gendarmenmarktes bildeten.

Roland Korn und Bernd Seidel, die Architekten des Hotelneubaus hingegen betonen die blockgroße Dimension und gliedern die mehr als hundert Meter lange Fassade zum Platz in eine hohe Sockelzone mit Bogenfenstern, einen viergeschossigen Mittelteil und ein hohes Walmdach mit zwei Reihen Dachfenstern. Die Bögen, die hochrechteckigen Fenster mit Eisengitterbalkonen und das leicht gestaffelte Walmdach mit Mansarden lassen mit etwas gutem Willen an ein französisches Grand Hotel denken, die schematischen Verzierungen aber und die unausgewogenen Proportionen offenbaren den Systembau.

Der Haupteingang liegt außermittig und wird durch ein die Traufe durchbrechendes Bogenfenster und eine verspiegelte gläserne Halbkuppel betont. Dahinter befindet sich die zwei Geschosse hohe Hotelhalle mit Cafeteria, Restaurant und Intershop. Im ersten Obergeschoss gibt es weitere Restaurants, Salons, ein Schwimmbad und einen Bankett- und Kongressbereich mit direktem Eingang an der Charlottenstraße. Für die folgenden Geschosse mit den Hotelzimmern ist das große Gebäudevolumen durch zwei Lichthöfe gegliedert. An der Ecke zur Kronenstraße ist ein gebäudehohes Parkhaus integriert und an der Kronen- Ecke Markgrafenstraße ein Wohnheim für die Mitarbeiter des Hotels. Parkhaus und Wohnheim haben vereinfachte Fassaden ohne betonte Sockelzonen.

Für diesen Block hat im Jahr 1980 ein völlig anderer Entwurf des Architekten Werner Rösler (1936–1988) vorgelegen, der aber keine Beachtung fand und wohl auch nicht beauftragt war. Rösler, Mitarbeiter am Institut für

Hilton Berlin

HILTON

1
Die 242 x 75 cm große Tuschezeichnung ist Teil des Nachlasses von Werner Rösler, der sich in der Wissenschaftlichen Sammlung am Leibniz-Institut für Raumbezogene Sozialforschung (IRS) in Erkner befindet.

Städtebau und Architektur der Bauakademie der DDR, entwirft am Platz der Akademie, wie der Gendarmenmarkt damals genannt wurde, den fiktiven Neubau der Akademie der Künste, ein avantgardistisches abstraktes Objekt, gerastert und wohl komplett gläsern, dessen Ecke an der Charlotten- und Mohrenstraße aber ein klassisches architektonisches Element bildet: eine Säule. Es ist eine tief versunkene Säule von enormer Größe, von der nur das obere Ende des Schafts und das ionische Kapitell sichtbar sind. Die oberen halbkreisförmigen Abschlüsse der Kanneluren bilden Bogenstellungen des Erdgeschosses.[1]

Die schwarze Tuschezeichnung wirkt wie die Vorwegnahme einer Kritik am später realisierten Dom-Hotel mit seinem oberflächlichen historisierenden Ornament auf den in industrieller Plattenbauweise hergestellten Fassaden. Bei Rösler ist das Nebeneinander von Neu und Alt, von modern und traditionell eine brachiale, unverblümte Kollision. Bei Korn und Seidel ist das Traditionelle kaum mehr als eine konfektionierte Tätowierung eines eigentlich modernen Hybridbaus, der als Hotel, Parkhaus, Wohnhaus und Club bis heute tadellos funktioniert. ●

In the GDR, "currency hotels" referred to the highest tier of tourist accommodation and food services that catered to guests from non-socialist economic regions – and took payment in foreign currencies. The hotel chain Interhotel was established in the 1960's to build and operate these hotels. In 1989, the last Interhotel emerged in the form of the Dom-Hotel on Gendarmenmarkt but was sold to the American hotel chain Hilton after reunification. While it still operates as a Hilton hotel today, the group has in the meantime sold the building.

The completion of the Dom-Hotel marked the end of reconstruction of the development on Gendarmenmarkt. A planning collective led by Manfred Prasser (1933–2018) developed guidelines for rebuilding the square, which had suffered severe damage during World War II. These guidelines aimed to restore Karl Friedrich Schinkel's Schauspielhaus and Karl von Gontard's German and French Cathedrals as well as reconstruct the spatial shape in its historical contours. However, the plans for the blocks surrounding the square deviated from the subdivided plot structure, and instead opted for larger-scale steel skeleton structures with curtain-wall prefabricated façades based on fictional historical role models. The block reserved for the hotel – bordered by Mohrenstrasse, Markgrafenstrasse, Kronenstrasse, and Charlottenstrasse – had accommodated 18 residential buildings and business premises before its destruction, seven of which formed the southern building front of the Gendarmenmarkt.

Roland Korn and Bernd Seidel, the architects of the new hotel, took a different approach that highlighted the block-sized dimension by subdividing the over 100-meter-long facade facing the square into a high plinth area with arched windows, a four-story central section, and a tall hip roof with two rows of roof windows. At a stretch, the arches, the vertical rectangular windows with iron-bar balconies, and the slightly tiered hip roof with mansards are reminiscent of a French Grand Hotel, but the schematic adornments and unbalanced proportions reveal the system construction.

The main entrance sits off-center and is highlighted by an arched window that breaks through the eaves and a mirrored-glass semi-dome. Behind it lies the two-story tall hotel hall with a cafeteria, restaurant, and an Intershop. The first floor accommodates further restaurants, salons, a swimming pool, and a banqueting and congress area with a direct entrance from Charlottenstrasse. On the following stories with hotel rooms, the building volume is divided by two atria. A parking garage, as high as the building, is integrated on Kronenstrasse, and housing for the hotel employees can be found at the corner of Kronenstrasse and Markgrafenstrasse. The parking garage and housing feature simplified facades without accentuated plinth areas.

In 1980, architect Werner Rösler (1936–1988) presented a completely different design for this block, but this plan never attracted interest and

1
The 242 x 75 cm ink drawing forms part of the estate of Werner Rösler, which can be found in the Scientific Collection at the Leibniz Institute for Research on Society and Space (IRS) in Erkner.

presumably wasn't commissioned. Rösler, who worked at the GDR Building Academy's Institute for Urban Development and Architecture, drafted the fictitious new building for the Academy of Arts at the Platz der Akademie, as the Gendarmenmarkt was called at the time. The structure is an avant-garde, abstract construction, gridded and fully glazed, but with a corner on Charlottenstrasse and Mohrenstrasse which forms a classic architectural element: a pillar. This pillar is deeply immersed and enormous, with only the top end of the shaft and the Ionian capital remaining visible. The semicircular closures of the flutes at the top form the ground floor's arcatures.[1]

The black ink drawing appears to anticipate a point of criticism of the not-yet-completed Dom-Hotel, with its superficially historicized ornamentation on the facades created through the prefabricated construction. For Rösler, the juxtaposition of new and old, of modern and traditional, leads to a brutal, point-blank collision. In Korn and Seidel's design, the traditional elements are hardly more than a ready-made tattoo of a building that is actually a modern hybrid house, which still serves as a perfectly functioning hotel, parking garage, residence, and club today. ◆

09

(heute von Tschechien)

Architekt
Architect
Vera und Vladimir Machonin

Objekt
Object
Botschaftsgebäude der Tschechoslowakei

Ort
Location
Wilhelmstraße 44, Mitte

Entwurf
Designed
1974

Fertigstellung
Completed
1978

Fremdartig wirkt der Koloss in der Wilhelmstraße und wie am falschen Ort. Das Gebäude der Tschechischen Botschaft, ursprünglich das Botschaftsgebäude der Tschechoslowakei, besetzt ein Grundstück, das bis zum Zweiten Weltkrieg nicht bebaut, sondern Teil eines rechteckigen Schmuckplatzes war. Der Wilhelmplatz und die Wilhelmstraße waren im 18. Jahrhundert im Zuge der Entwicklung der Friedrichstadt unter Friedrich Wilhelm I. angelegt worden. Hier befanden sich bis zur Zerstörung im Zweiten Weltkrieg die Reichskanzlei, das Reichsfinanz- und das Reichspropagandaministerium, das Reichspräsidentenpalais und das Hotel Kaiserhof. In der DDR wurde der Platz nach Ernst Thälmann benannt, beräumt und als Raum eliminiert. Die Südhälfte stellte man der Tschechoslowakei für einen Botschaftsneubau zur Verfügung, die Nordhälfte wurde mit Wohnhäusern in Plattenbauweise bebaut.

Die Architekten Vera (*1928) und Vladimir (1920–1990) Machonin entwarfen das Botschaftsgebäude, das in den 1970er-Jahren noch recht verloren an der Wilhelmstraße stand, als einen Solitär und als Opposition zur historischen Bebauungsstruktur des Ortes und zu der historisierenden Repräsentationsform der nahen Botschaft des großen Bruders Sowjetunion aus dem Jahr 1953.

Das Gebäude hat eine Grundfläche von 48 mal 48 Metern und ist eine schwere Stahlbeton-Rahmenkonstruktion mit Spannweiten von mehr als 14 Metern und entsprechend massiven Stützen und Trägern. Das Erdgeschoss ist auf halber Fläche über die Diagonale zur Wilhelm- und zur Anton-Wilhelm-Amo-Straße (ehem. Mohrenstraße) eine offene Eingangszone mit Vorfahrt, das erste Obergeschoss mit den repräsentativen Räumen kragt darüber aus, hat doppelte Raumhöhe und ist vollverglast. Darüber wird eine tiefe hohe Schattenfuge mit demonstrativ sichtbarer Balkenlage ausgebildet, auf der drei weitere Geschosse mit Büroräumen lagern. In Richtung Südosten gibt es auf allen Geschossen eine kleinteilige Bürostruktur, an dieser Ecke ist das Gebäude nur dreigeschossig ausgebildet. Die Fassaden sind horizontal gegliedert mit Brüstungs- und Deckenbereichen, die nach außen geböscht und mit graubraunen Granitplatten verkleidet sind. Die Fensterbänder aus rauchig braunen Gläsern haben schräg zurückkippende Oberlichter, sodass jedes Geschoss wie ein eigenes, vorgeschobenes Volumen wirkt. Die kantige Modulation der Fassadenebene wird noch betont durch deutlich abgeschrägte Gebäudeecken. Im Kontrast dazu sind die beiden überhohen Treppenhaustürme als einfache, dunkel verkleidete Kastenkörper ausgebildet, die brachial das Plastische und Lagernde des Gesamtvolumens durchstoßen.

Im Gegensatz zur graubraunen Wehrhaftigkeit des Äußeren ist das Innere des Hauses geprägt von gekurvten Formen und einer intensiv-bunten Farbigkeit. Deckenlamellen in Orange, das Interieur in Rot, Gelb und Grün, Wandvertäfelungen und geschwungene Sitzmöbel in Holz, kristalline Leuchter, eingestellte zylinderförmige Wandelemente, die die offenen Räume gliedern und

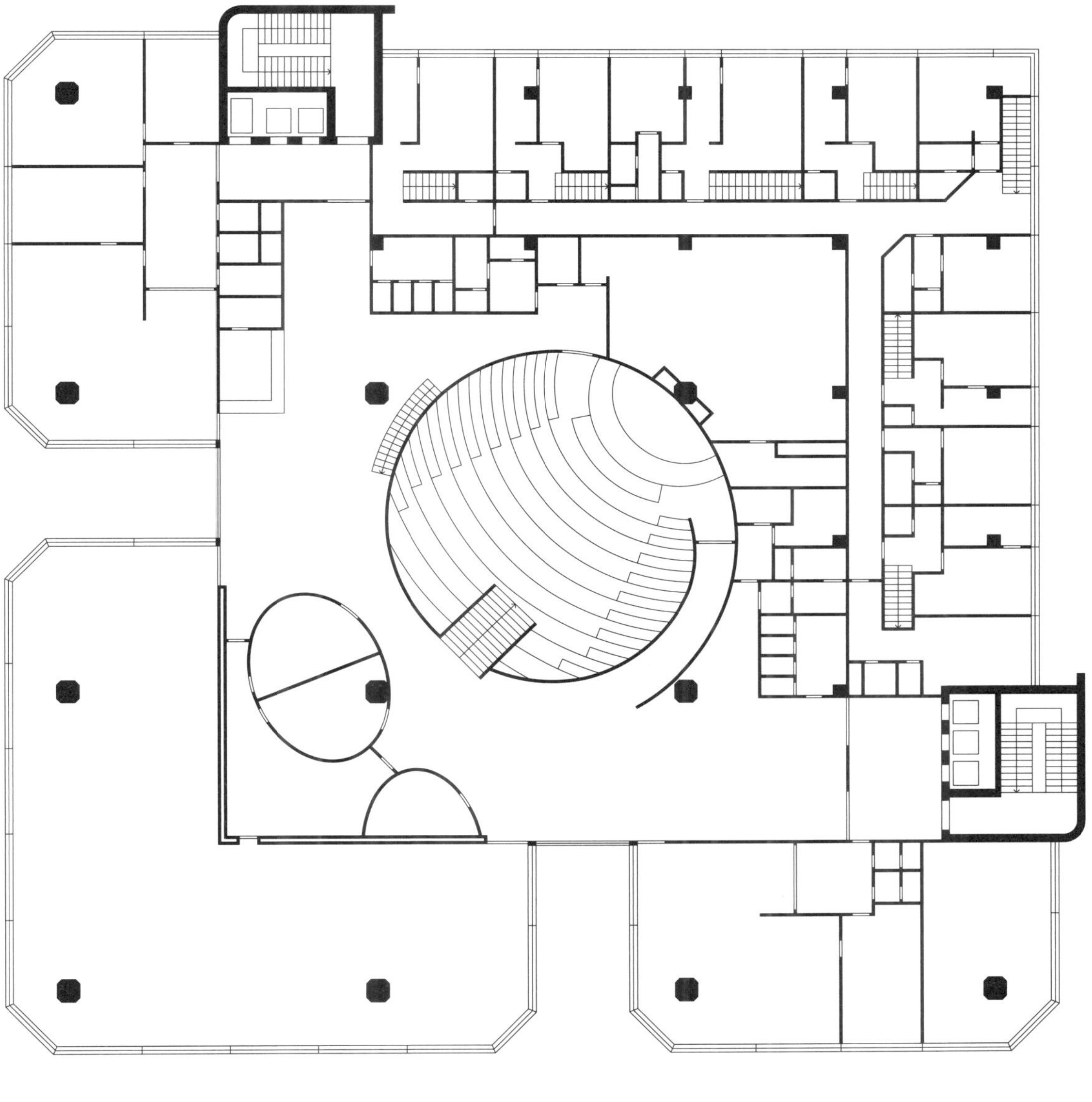

U
30
ZONE

Konferenzräume und den großen Saal einfassen – alles haben die Architekten selbst entworfen.

Nach der Teilung der Tschechoslowakei im Jahr 1993 zog die Slowakei in ein eigenes Gebäude, während Tschechien an der Wilhelmstraße blieb. Das Gebäude ist spätestens seitdem – und selbst noch nach dem Einzug des Tschechischen Zentrums und des Kulturinstituts – deutlich zu groß für den Botschaftsbetrieb und wird teilweise fremdvermietet. Es wird der Umzug in ein neues Haus und der Verkauf des alten erwogen. ●

The colossal structure on Willhelmstrasse appears odd and out of place. The building that houses the Czech embassy, originally the embassy building for Czechoslovakia, is situated on a plot that remained undeveloped until World War II. Instead, it formed part of a rectangular decorative square. In the 18th century, Wilhelmplatz and Wilhelmstrasse were set up as part of the development of Friedrichstadt under Frederick William I. Before the destruction that took place during World War II, this area contained the Reich Chancellery, Reich Ministry of Finance, Reich Ministry of Propaganda, Palace of the Reich President, and Hotel Kaiserhof. In the GDR, the square was named after Ernst Thälmann, cleared, and eliminated as a space. The southern half was made available to Czechoslovakia for the construction of a new embassy building, and the northern half was covered with prefabricated residential buildings.

Architects Vera (*1928) and Vladimir (1920–1990) Machonin designed the embassy building, which still looked a little lost on Willhelmstrasse in the 1970's, not only as a solitary structure but also due to its opposition to the historical building structure of the area as well as the historicizing representative form of the nearby embassy of its big brother, the Soviet Union, from 1953.

The building covers a base area of 48 by 48 meters and constitutes a heavy frame structure made out of reinforced concrete, with a span of over 14 meters and correspondingly solid pillars and supports. Half of the ground floor's area, across the diagonal to Wilhelmstrasse and Anton-Willhelm-Amo-Strasse, serves as an open entrance zone with a driveway. The first floor with its representative rooms projects out above it, features rooms twice the height, and is fully glazed. Above this, a deep, high shadow gap with an ostentatiously visible beam structure takes shape, atop of which lie three additional stories with offices. Towards the southeast, all floors come with a subdivided office structure; at this corner, the building only rises up three stories. The facades are horizontally structured, with balustrade and ceiling areas that are sloped towards the outside and clad with gray-brown granite plates. The rows of windows consisting of smoky brown glass come with skylights that tilt diagonally towards the back, allowing every floor to appear like a separate, protruding section. The angular modulation of the facade level is also highlighted by heavily sloped building corners. In contrast, the two stairwell towers that stretch up above the rest of the building are designed as simple box structures with dark cladding and violently break through the sculptural and superimposing elements of the overall construction.

Unlike the gray and brown defensive demeanor of the exterior, the inside is characterized by contoured forms and an intense and diverse colorfulness. Orange ceiling fins; red, yellow, and green interior elements; wooden wall paneling and curved seating furniture; crystalline chandeliers; recessed, cylindrical wall elements that structure the open-plan rooms and border the conference rooms and the large hall – the architects designed all of this themselves.

After the division of Czechoslovakia in 1993, Slovakia moved into its own building, whereas the Czech Republic retained its residence on Wilhelmstrasse. Ever since then – and even after the Czech Center and Cultural Institute moved in – the building has offered much more space than needed to run the embassy, so parts of it are rented to third parties. The embassy is considering relocating to a new building and selling the old one. ◆

Im Gegensatz zur grau-braunen Wehrhaftigkeit des Äußeren ist das Innere des Hauses geprägt von gekurvten Formen und einer intensiv-bunten Farbigkeit.

Unlike the gray and brown defensive demeanor of the exterior, the inside is characterized by contoured forms and an intense and diverse colorfulness.

10

(heute Russisches Haus der Wissenschaft und Kultur)

Architekt / Architect **Karl-Ernst Swora**

Objekt / Object **Haus der sowjetischen Wissenschaft und Kultur**

Ort / Location **Friedrichstraße 176–179, Mitte**

Entwurf / Designed **1981** Fertigstellung / Completed **1984**

Neben dem Gendarmenmarkt sollte nach den Kriegszerstörungen auch die Friedrichstraße nach historischem Vorbild wieder aufgebaut werden, als Straßenraum von alter Breite und Klarheit. Hier wie dort wurde zur Wiederherstellung des Stadtgrundrisses die Raumform für wichtig erachtet, nicht aber die Wiederherstellung der alten Parzellen und ihrer historischen Bebauung. Für das Haus der Sowjetischen Wissenschaft und Kultur wird 1981 ein beräumtes, dreiseitig von Straßen umgebenes Grundstück zur Verfügung gestellt, auf dem vor dem Zweiten Weltkrieg noch ein Hotel und fünf Wohn- und Geschäftshäuser standen. An dem Wettbewerb beteiligen sich auch die Chefarchitekten der Städte Moskau, Warschau, Prag, Budapest und Sofia, den Zuschlag erhält mit Karl-Ernst Swora (1933–2001) aber ein Architekt aus der DDR, aus einem Kombinat für Ingenieurhochbau. Das Haus soll den Bürgern der DDR und der UdSSR als Begegnungsstätte dienen und vielfältige Möglichkeiten bieten, „sich mit den kulturellen und wissenschaftlichen Leistungen der Union der Sozialistischen Sowjetrepubliken vertraut zu machen und einen regen Erfahrungsaustausch zu pflegen. Es ist damit ein Symbol für die wachsende Zusammengehörigkeit unserer Völker und ihrer festen Freundschaft."[1] Bauherr ist der Verband der sowjetischen Gesellschaft für Freundschaft und kulturelle Beziehungen mit dem Ausland.

Das siebengeschossige Gebäude schließt den Block entlang der Jäger-, Friedrich- und Taubenstraße, ist axial auf die Friedrichstraße ausgerichtet und hat hier auch seinen Haupteingang. Das Foyer ist üppig dimensioniert und schafft eine räumliche Verbindung zwischen allen drei Straßen. Im Zentrum und Blockinneren befinden sich zwei übereinander liegende Säle, ein kleinerer Vortrags- und Kinosaal im Erd- und Untergeschoss und ein Konzertsaal mit Bühne darüber. Im zweigeschossigen Sockelbereich, rund um das Foyer sind ein Restaurant und Ausstellungsräume angeordnet sowie Kabinette, Salons und eine Bibliothek. Das 2. bis 6. Obergeschoss sind als rund zwölf Meter tiefe Gebäudeflügel ausgebildet und haben eine kleinteiligere Bürostruktur, in dem etwas längeren Flügel an der Jägerstraße befinden sich Wohnungen für Mitarbeiter des Hauses.

In den Fassaden bildet sich oberhalb des zurückgesetzten Sockels das Stützenraster des in Stahlbetonskelettbauweise errichteten Gebäudes überdeutlich ab und tritt als kurze Schotten hervor, die zusammen mit den vorgezogenen Geschossdecken über dem Sockelbereich und über dem 4. und dem 5. Obergeschoss ein plastisches Fassadengerüst bilden. Die Fassaden sind teilweise mit Kalksteinplatten verkleidet oder mit farblich angepasstem Betonwerkstein. Die Mittelachse an der Friedrichstraße mit dem Haupteingang wird durch ein großes farbiges Glasfenster mit dem Staatsemblem der UdSSR betont. Ganz ähnlich – mit dem Wappen der DDR vor braunem Glas – hatte man auch schon die Eingangsachse des Palastes der Republik bekränzt.

Heute ist das Gebäude Eigentum des russischen Staates und dient weiterhin der Förderung der bilateralen kulturellen und wissenschaftlichen Beziehungen. Neben dem Staatsemblem wurde auch die übermannsgroße Statue des auf einem hohen Sockel sitzenden Wladimir Iljitsch Lenin entfernt. ●

1 Karl-Ernst Swora: Haus der Sowjetischen Wissenschaft und Kultur in Berlin in: Architektur der DDR, 34 (1985), S. 204

ROLEX
ROLEX
BUCHERER
1888
IWC

es Haus
S HAUS
UND KULTUR
ESCADA
ESCADA

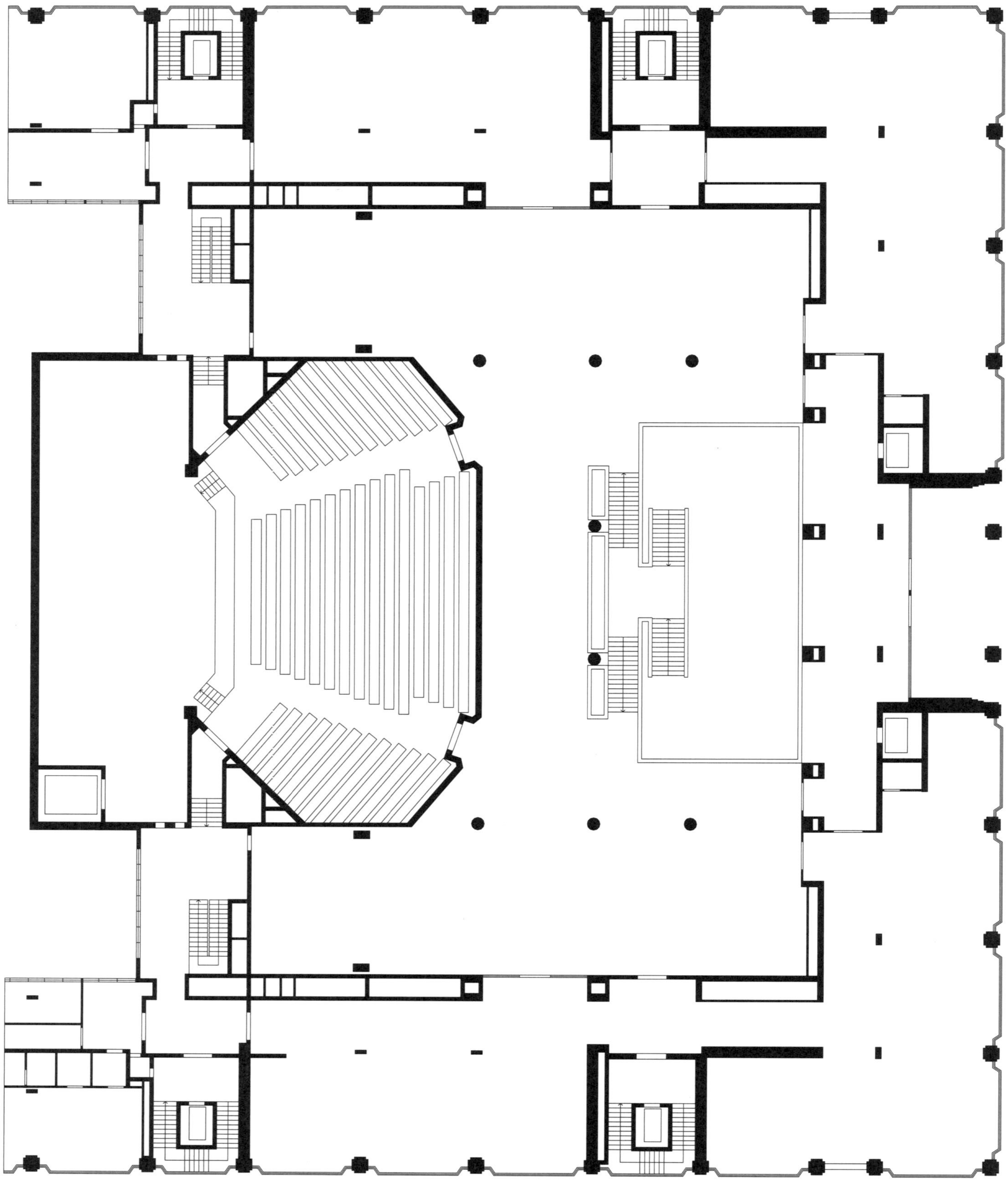

In addition to the war-damaged Gendarmenmarkt, plans were also in place for an overhaul of Friedrichstrasse in line with its historical predecessor, as a road space that would reclaim its former width and clarity. In both locations, the spatial form of the urban layout was considered crucial for reconstruction, but not the restoration of the old plots and their historic buildings. In 1981, a cleared property surrounded by roads on three sides was made available for the Soviet House of Science and Culture. Before World War II, a hotel and five residential and business properties had stood on this site. The competition's contestants included the chief architects for the cities of Moscow, Warsaw, Prague, Budapest, and Sofia, but the bid ultimately went to an architect from the GDR, Karl-Ernst Swora (1933–2001), who worked for a structural engineering combine. The plans foresaw a house that would serve as a meeting place for citizens of the GDR and USSR and offer various options to "familiarize oneself with the cultural and scientific achievements of the Union of Soviet Socialist Republics and actively exchange experiences. This makes it a symbol of the growing solidarity between our people and their strong friendship."[1] The Society for Cultural Relations with the Soviet Union is the developer for this project.

The seven-story building closes off the block along Jägerstrasse, Friedrichstrasse, and Taubenstrasse, and is axially aligned with Friedrichstrasse, where the main entrance can be found. The foyer features generous dimensions and establishes a spatial connection between all three roads. The center and interior of the block accommodate two halls stacked above one another, a small lecture hall and movie theater on the ground floor and lower ground floor, with a concert hall and stage above. In the two-story base area, a restaurant and exhibition rooms are arranged around the foyer, as are cabinets, salons, and a library. The second through sixth floors were built as 12-meter-deep wings and are divided into a structure of smaller offices, while the slightly longer wing on Jägerstrasse contains apartments for employees.

Above the recessed plinth in the facade, the supporting grid of the reinforced steel building erected through skeleton construction is clearly visible and projects out as short partitions that form a sculptural facade framework above the plinth area over the fourth and fifth floor together with the protruding intermediated ceilings. The facades are partially clad with limestone slabs or artificial stone in a suitable color. The central axis on Friedrichstrasse with the main entrance is highlighted by a large, colored glass window with the national emblem of the USSR. The entrance axis of the Palace of the Republic had also been crowned in a similar way: with the GDR crest in front of brown glass.

Today, the building belongs to the Russian state and continues to promote bilateral cultural and scientific relationships. In addition to the national emblem, the more than life-sized statue of Vladimir Ilyich Lenin sitting on a high plinth has also been removed. ◆

1
Translation of a quote from Karl-Ernst Swora: Haus der Sowjetischen Wissenschaft und Kultur in Berlin in: Architektur der DDR, 34 (1985), p. 204

11

Architekt
Architect
Günter Boy innerhalb eines Planungskollektivs

Objekt
Object
Parteizentrale der CDU der DDR

Ort
Location
Charlottenstraße 53–54, Mitte

Fertigstellung
Completion
1985

Die ehemalige Parteizentrale der Christlich Demokratischen Union (CDU) der DDR ist Teil der westlichen Platzbebauung des Gendarmenmarkts auf der Höhe des Französischen Doms an der Charlotten-, Ecke Jägerstraße.

Der Gendarmenmarkt, Ende des 17. Jahrhunderts als Teil der Friedrichstadt, der großen Stadterweiterung des Kurfürsten Friedrich III. und späteren Königs Friedrich I. angelegt, war mit Karl Friedrich Schinkels Schauspielhaus und Karl von Gontards Deutschem und Französischem Dom und der umgebenden Bebauung im Zweiten Weltkrieg stark zerstört worden und sollte nach historischem Vorbild wieder aufgebaut werden. Die Leitlinien hierfür entwickelte Martin Prasser (1933–2018) mit einem Planungskollektiv. Während der Begriff des historischen Vorbilds in Bezug auf die drei Solitäre enger gefasst wurde, verständigte man sich für die den Platz rahmenden Gebäude darauf, dass eine städtebauliche und gestalterische Orientierung an der Vorgängerbebauung genüge. Konkret hieß das: Es entstanden Gebäude nach fiktiven historischen Vorbildern in Stahlskelettbauweise mit vorgehängten Fertigteil-Fassaden und Arkaden im Erdgeschoss.

Auch der Neubau für die Parteizentrale der CDU, für dessen Entwurf Günter Boy verantwortlich zeichnete, ist nach Vorbildern gestaltet, die es an diesem Ort nie gab. Das Gebäude, im Grundriss ein einfaches Rechteck so groß wie das Grundstück, schließt die Blockecke mit einer regelmäßigen Fassade von 16 eng stehenden Fensterachsen an der Charlottenstraße und acht an der Jägerstraße. Die Arkaden des Erdgeschosses mit Doppelsäulen lassen an Italiens frühe Neuzeit denken, das enge Stakkato der Fenster an Berlins Gründerzeit. Das 4. Obergeschoss ist als Staffelgeschoss ausgebildet, ohne dass es hierin eine Entsprechung mit den beiden Nachbargebäuden gäbe und auch ohne bauordnungsrechtliche Notwendigkeit. Das auf ein sehr kräftiges Dachgesims aufgesetzte steile Walmdach hat zu den Straßen zehn Dachgauben, die von denselben Dreiecksgiebelelementen bekrönt sind wie die Fenster des 1. Obergeschosses. Die Betonfertigteile der Fassade sind hellrot eingefärbt und rotem Sandstein nicht unähnlich. Dieser kommt allerdings in Berlin nicht vor, weshalb rote Gebäude, die es durchaus zahlreich und prominent gibt, hier in der Regel Fassaden aus Ziegelmauerwerk haben. Die historischen Vorbilder sind also zahlreich und in der Tat sowohl im Ganzen als auch im Einzelnen fiktiv.

Im Erdgeschoss befindet sich eine Buchhandlung, der Haupteingang in die Parteizentale liegt an der Charlottenstraße. Im 1. Obergeschoss, das in der Fassade gestalterisch hervorgehoben ist, befindet sich der Konferenzbereich des Parteivorstandes und weil hier nicht nur die Bürger der DDR, sondern gelegentlich auch Politiker aus dem Ausland zu Gast waren, gestaltete man für diese Räume, für das Foyer, die Treppe und einen Veranstaltungssaal den Innenausbau besonders repräsentativ. Baulich-konstruktiv ist das Gebäude – auch wenn dies in den

keine
Wendemöglichkeit
für LKW
Charlottenstraße
Jägerstraße

Jägerstraße
Charlottenstraße
IBS

Fassaden nicht erkennbar ist – im Zusammenhang mit seinem Nachbarn in der Charlottenstraße 52 entstanden; innenräumlich gibt es hier und da auch Verbindungen.

Namensgeber des Hauses ist Otto Nuschke (1883–1957), der 1945 Mitbegründer der CDU in der Sowjetischen Besatzungszone und Parteivorsitzender war. 1990 wurde das Gebäude im Zuge der Vereinigung der CDU der DDR und der CDU der Bundesrepublik nach Jakob Kaiser (1888–1961) benannt und wird seit 1993 von der Evangelischen Kirche genutzt.

In einem Protokoll des Parteitages (nicht der CDU, sondern der SED) hielt man 1976 zur allgemeinen städtebaulich-architektonischen Strategie der Deutschen Demokratischen Republik sinngemäß fest, dass durch die richtige Kombination von Altem und Neuem gleichzeitig der historisch gewachsene Charakter der Städte erhalten und ihnen Neues hinzugefügt würde.[1] Der Satz ist ohne eine Definition von „richtig" eine Binsenwahrheit. Vielleicht findet sich diese Definition in der konkreten Strategie für den Gendarmenmarkt: Die Wiederherstellung des Stadtgrundrisses wird hier für den Erhalt des historisch gewachsenen Charakters des Ortes als wesentlich erachtet. Hierzu gehört die Wiederherstellung der drei Solitäre Schauspielhaus, Französischer und Deutscher Dom und die Wiederherstellung der Raumform in ihrer historischen Kontur. Hierzu gehört aber nicht die Wiederherstellung der alten Parzellen und ihrer historischen Bebauung.

Diese Strategie ist dem gleichzeitig in West-Berlin verfolgten Leitbild der IBA 1987 durchaus verwandt. Durch eine sogenannte Kritische Rekonstruktion, durch Neubau mit städtebaulicher Dimension auf der Grundlage des historischen Stadtgrundrisses sollten vormals urbane Orte als solche wiedergewonnen werden. So wurden unter Josef Paul Kleihues (1933–2004), dem Leiter der IBA, in den städtebaulichen Wettbewerben diejenigen Entwürfe, die mit diesem Ziel der IBA brachen, auch nicht mit ersten Preisen bedacht. Aber die Verfasser dieser oft radikalen und bildstarken Arbeiten erhielten in der Folge die Möglichkeit, innerhalb der städtebaulichen Leitlinien ein Haus zu bauen. Das hat West-Berlin zahlreiche, auch internationale architektonische Positionen von hohem künstlerischem und theoretischem Anspruch beschert.

Diesen Maßstab an das Haus der Parteizentrale der CDU anzulegen wäre unlauter. Die Bedeutung liegt hier nicht im Einzelnen, sondern im Ganzen. Der Gendarmenmarkt war bis zum Zweiten Weltkrieg ein städtischer Platz von großer Qualität und er ist es Dank des postmodernen Wiederaufbaus erneut. ●

1 Wörtlich steht im Protokoll der Verhandlungen des IX. Parteitages der Sozialistischen Einheitspartei Deutschlands, Band 1, 1976, auf S. 66: „Indem wir Altes und Neues richtig kombinieren, erhalten wir den historisch gewachsenen Charakter unserer Städte und fügen ihnen zugleich Neues hinzu."

The former party headquarters of the GDR's Christian Democratic Union (Christlich Demokratische Union, CDU) forms part of the development on the western section of the Gendarmenmarkt square, in line with the French Cathedral on the corner of Charlottenstrasse and Jägerstrasse. The Gendarmenmarkt was constructed at the end of the 17th century as part of Friedrichstadt – the significant city expansion commissioned by Frederick III, Elector of Saxony, and later by King Frederick I. Along with Karl Friedrich Schinkel's Schauspielhaus theater, Karl von Gontard's German and French Cathedrals, as well as the surrounding buildings, it suffered severe destruction during World War II and was to be rebuilt in the image of its historical example. Martin Prasser (1933–2018) developed the guidelines for this venture together with a planning collective. While the historical role model was more narrowly defined with its the three solitary structures, the collective agreed that it would suffice to use the precursors as guidance for the urban development and design of the buildings that would frame the square. In concrete terms: The new buildings were based on fictitious historical role models and built as steel skeleton structures with mounted prefabricated facades and arcades on the ground floor.

The new build for the headquarters of the CDU, for which Günter Boy provided the design, harks back to role models that never existed in this location. The building, the layout of which constitutes a simple rectangle as large as the plot itself, closes off the corner of the block with a consistent facade of 16 window axes in close proximity on Charlottenstrasse and eight on Jägerstrasse.

The arcades with double pillars on the ground floor are reminiscent of Italy's early modern era, while the dense staccato of the windows is evocative of Berlin's Gründerzeit. The fourth floor is set up as a penthouse, even though neither of the two neighboring buildings come with a corresponding feature and this wasn't called for by building regulations. The steep hip roof that sits atop a very robust cornice includes ten dormers that face the street and are crowned with the same triangular gable elements that grace the windows of the first floor. The facade's precast concrete parts are colored a light red, which gives them the appearance of red sandstone. However, this type of stone cannot be found in Berlin, which is why the numerous and prominent red buildings in the city generally feature brickwork facades. All in all, the designs follow quite a few historical models – all of which, as a whole and individually, are fictitious.

The ground floor houses a bookstore, the main entrance to the party headquarters can be found on Charlottenstrasse. The first floor, highlighted by design elements in the facade, accommodates the conference area for the party executive. And since not only GDR citizens, but occasionally also politicians from other countries were invited onto the premises, the interior construction of these rooms, the foyer, the stairwell, and an event hall were donned with a particularly prestigious design. In terms of structure and construction, the building was erected in connection with its neighbor on Charlottenstrasse 52 (even if the relationship doesn't become evident by looking at the facade); the interior design features a few parallels.

The house's namesake is Otto Nuschke (1883–1957), who co-founded the CDU in the Soviet occupation zone in 1945 and served as its party chairman. In 1990, the building was renamed after Jakob Kaiser (1888–1961) in the course of unifying the GDR's CDU and the Federal Republic's CDU. As of 1993, the Protestant Church has taken over the building.

In the minutes of a party conference in 1976 (of the SED, not the CDU), it was essentially noted that when it comes to the general urban development and architectural strategy for the German Democratic Republic, the right combination of old and new would simultaneously preserve the historical character of cities and add a modern touch.[1] Since the sentence doesn't include a definition of "right," it can be dismissed as a truism. Perhaps this definition holds the key to the concrete strategy for the Gendarmenmarkt: In this case, recreating the urban layout is considered crucial for preserving the historical character of the area. This includes restoring the three solitary buildings – Schauspielhaus, French and German Cathedral – and restoring the spatial form in its historical outline. However, it doesn't include restoring the old plots and their historical structures.

This strategy certainly bears resemblance to the guiding principle from the 1987 IBA, which West Berlin at the same time. Using the method of Critical Reconstruction, it aimed to reclaim former urban spaces by establishing new builds with an urban-development dimension on the foundations of the historical city layout. Consequently, under the leadership of Josef Paul Kleihues (1933–2004), Head of the IBA, any designs submitted in urban development competitions which didn't align with the goal of the IBA failed to win the top prizes. But the creators of these often radical and visually impressive drafts later had the opportunity to build a house within the urban development guidelines. As a result, West Berlin benefited from numerous architectural ideas of high artistic and theoretical standards, including international ones.

It would be unfair to apply these standards to the building that served as the CDU party headquarters. In this case, its significance doesn't lie in the details, but in the whole. Gendarmenmarkt was an urban square of great quality up until World War II, and thanks to the postmodern reconstruction, it retains this status today. ◆

1
The translation of the actual sentence in the minutes of the negotiations in the IX. Parteitages der Sozialistischen Einheitspartei Deutschlands, Volume 1, 1976, on p. 66 is as follows: "Through the right combination of old and new, we can preserve the historical character of our cities and at the same time add something new."

12

Architekt
Architect
Jens Ebert

Objekt
Object
Zentrale des Freien Deutschen Gewerkschaftsbundes

(heute Botschaft der Volksrepublik China)

Ort
Location
Märkisches Ufer 54, Mitte

Entwurf
Designed
1984

Fertigstellung
Completed
1988

Das siebengeschossige Eckgebäude am südlichen Brückenkopf der Jannowitzbrücke zierte in den 1980er–Jahren nicht wie heute die Rote Fahne der Volksrepublik China, sondern das rote Emblem des Freien Deutschen Gewerkschaftsbundes mit vier Buchstaben und Handschlag. Aluminium-silbern und spiegelnd verkleidet war das Haus ursprünglich auch nicht. Vorgefertigte Betonelemente, helle glatte und dunklere raue, sorgten für eine Gliederung und leichte Plastizität und kontrastierten mit Fenstern aus dunkelbraun eloxiertem Aluminium.

Das FGDB-Haus besetzt ein wenig tiefes Eckgrundstück und steht im Blockinneren Wand an Wand mit dem stattlichen Verwaltungsgebäude der Landesversicherungsanstalt, das 1904 von Alfred Messel (1853–1909) entworfen wurde.[1] Es schließt am Märkischen Ufer und an der Brückenstraße an bestehende Gebäude an und bildet an der Blockecke eine eigenwillig eingestülpte und dadurch sehr breite Front mit dem Haupteingang aus. Dieser zentrale Bereich ist im Grundriss ein unregelmäßiges Mehreck und beherbergt das Foyer, die repräsentativen Erschließungen und mehrere Konferenz- und Sitzungssäle. Der Gebäudeflügel am Märkischen Ufer ist ein Büro- und Verwaltungstrakt und der Flügel an der Brückenstraße ein Hotel mit Restaurants und Wintergarten.

Anders als die meisten Neubauten in Ost-Berlin ist das Gewerkschaftshaus kein reiner System- oder Plattenbau, sondern eine Hybridkonstruktion. Für die beiden Flügel konnte ein typisiertes Skelettbausystem verwendet werden, nicht jedoch für den gestaffelten und nur wenige rechte Winkel ausbildenden Bereich an der Ecke. Hier waren individuelle Bauweisen nötig und ermöglichten eine repräsentative Eingangsfront, die als große Geste über die Spree und die Jannowitzbrücke hinweg wirkt.

Nach der Auflösung des Freien Deutschen Gewerkschaftsbundes 1990 wird das Haus kurz als Kongresszentrum genutzt. Heute ist es nach Umbau und Sanierung Sitz der Botschaft der Volksrepublik China. Seitdem ist auch die Fassade stark verändert – mit einer flächigen Verkleidung aus silbrigen Aluminiumtafeln und verspiegelten Fenstern.

Dadurch verloren gegangen ist die ursprünglich angelegte Gliederung und Maßstäblichkeit und die gewisse Bezugnahme auf das Verwaltungsgebäude von Alfred Messel. Messel schuf eine vertikale Ordnung durch rot gemauerte haushohe Pilaster, zu denen weiße Fenster mit hellen Brüstungselementen aus Naturstein einen Kontrast bilden. Beim Gewerkschaftshaus in seiner ursprünglichen Erscheinung kontrastierten die Achsen der dunklen Fenster und Brüstungen aus grobem Altbeton mit Wandflächen aus hellen glatten Betontafeln. Hierdurch entstand – mit den Mitteln und Möglichkeiten der Zeit – eine Gliederung des großen Volumens, die es gut in den Block und die Umgebung einpasste und ihm gleichzeitig ein markantes Gesicht mit Wirkung auf die andere Flussseite gab. ●

1 Heute befindet sich in dem Gebäude die Senatsverwaltung für Verkehr, Mobilität, Verbraucher- und Klimaschutz

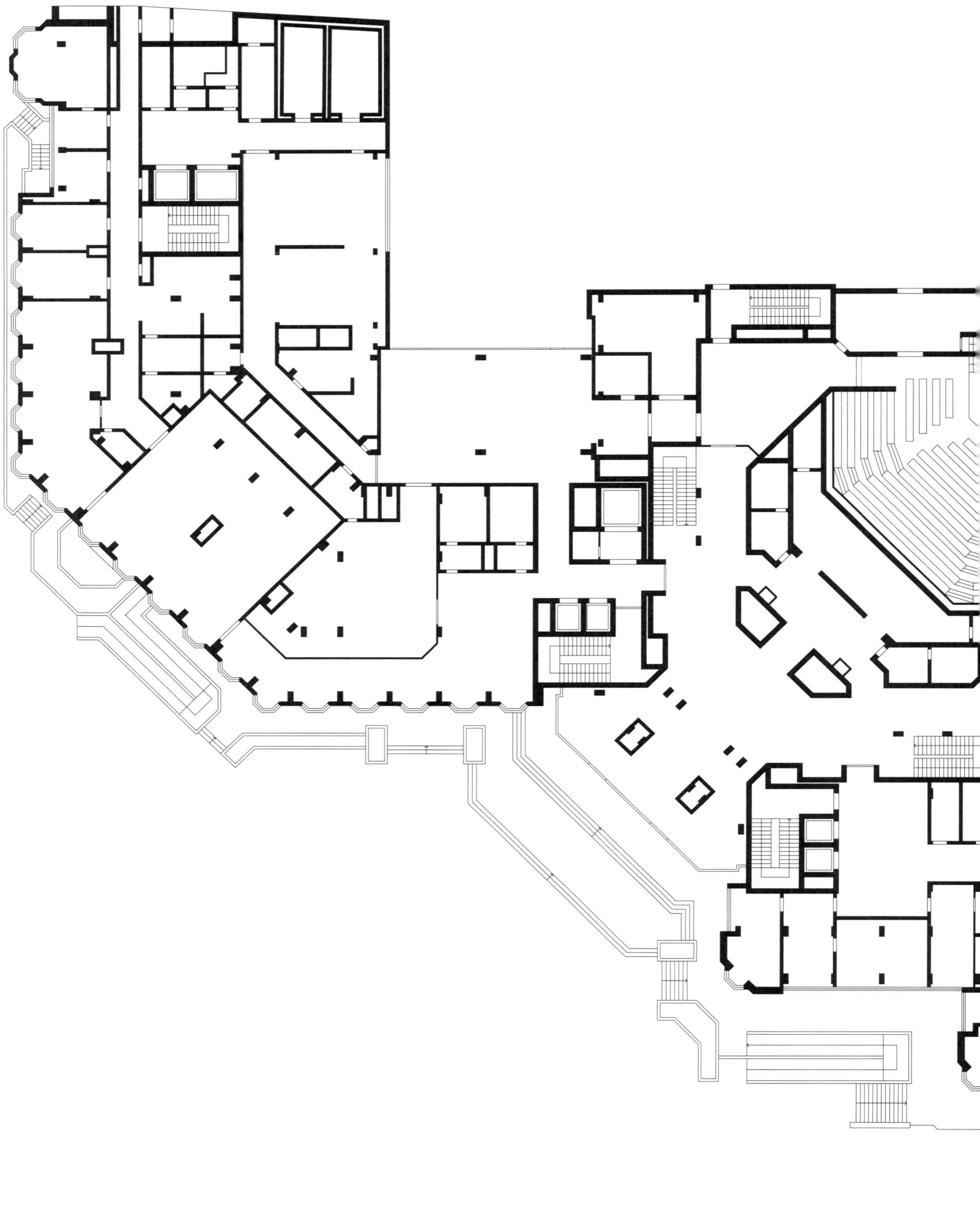

Anders als die meisten Neubauten in Ost-Berlin ist das Gewerkschaftshaus kein reiner System- oder Plattenbau, sondern eine Hybridkonstruktion.

In contrast to most new builds in East Berlin, the union headquarters don't constitute purely a system or prefabricated structure but are instead a hybrid construction.

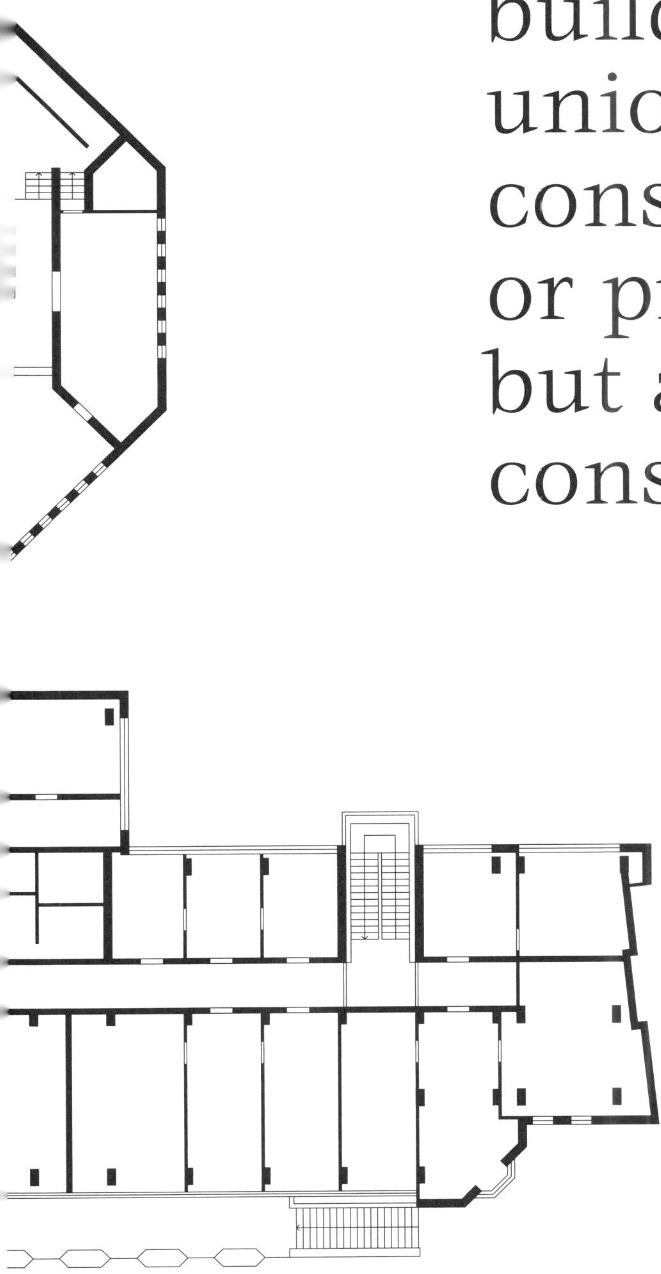

Unlike today, the red flag of the People's Republic of China didn't grace the seven-story corner building on the southern bridgehead of Jannowitzbrücke back in the 1980's, but instead the red emblem of the Free German Trade Union Federation, with its four letters and a handshake. It also wasn't clad in aluminum silver with a mirror effect. Prefabricated concrete elements – light and smooth as well as rough, darker ones – gave the building structure and a little plasticity as well as providing a contrast to the windows with their dark brown anodized aluminum.

The headquarters of the Free German Trade Union Federation sit on a slightly set-back corner plot, and on the inner part of the block, stand wall to wall with the stately administration building of the Landesversicherungsanstalt (state insurance institution), designed in 1904 by Alfred Messel (1853–1909).[1] It connects to the existing buildings on Märkisches Ufer and Brückenstrasse and creates an idiosyncratically ensheathed and thus very broad front with the main entrance at the corner of the block. The layout of this central area forms an irregular polygon. It houses the foyer, representative developments, and several conference and meeting halls. The building wing on Märkisches Ufer serves as an office and administrative tract, while the wing on Brückenstrasse accommodates a hotel with restaurants and a conservatory.

In contrast to most new builds in East Berlin, the union headquarters don't constitute purely a system or prefabricated structure but are instead a hybrid construction. A standardized skeleton structure was used for both wings, but not for the tiered area on the corner, which doesn't form many right angles. Customized designs were needed for this section to establish a representative entrance front that appears like a big gesture above the river Spree and the Jannowitzbrücke.

Following the dissolution of the Free German Trade Union Federation in 1990, the building was briefly used as a congress center. After a reconstruction and renovation, it serves as the location for the Embassy of the People's Republic of China today. In the meantime, the facade has also undergone major changes, now featuring flat cladding made of silvery aluminum boards and mirrored-glass windows.

As a result, the structure has lost the originally applied outline and scale as well as that specific reference to the administrative building by Alfred Messel. Messel created a vertical arrangement through the use of red-brick pilasters stretching to the full height of the building, to which white windows and light-colored natural-stone balustrades form a contrast. In the original union building, the axes of the dark windows and balustrades made of rough cured concrete stood out against the wall surfaces consisting of light, smooth concrete panels. With the means and possibilities provided by time, this resulted in a structuring of the large building which allowed it to suitably slot into the block and the environment while at the same time lending it a striking appearance, particularly when viewed from the other side of the river. ◆

1 Today, the buidling houses the Senatsverwaltung für Verkehr, Mobilität, Verbraucher- und Klimaschutz (Senate Administration for Transport, Mobility, Consumer and Climate Protection).

13

Architekt
Architect
Manfred Prasser innerhalb eines Planungskollektivs

Objekt
Object
Friedrichstadtpalast

Ort
Location
Friedrichstraße 107, Mitte

Fertigstellung
Completion
1984

Als der Neubau des Friedrichstadtpalastes an der Friedrichstraße 1984 eröffnet, wird am Schiffbauerdamm, nur 150 Meter südwestlich, der alte Friedrichstadtpalast abgerissen. Bei diesem Palast-Vorgänger handelte es sich um das von Hans Poelzig (1869–1936) im Jahr 1919 entworfene Große Schauspielhaus, das eigentlich der Umbau einer damals 50 Jahre alten, nicht mehr genutzten Markthalle von Friedrich Hitzig (1811–1881) war. Poelzig hatte aus der sechsschiffigen Eisen-Glas-Konstruktion einen spektakulären Theatersaal mit Kuppel und einem Feuerwerk von stalaktitartig herabhängenden Stuck-Zapfen gemacht. Es wurde in den 1920er-Jahren durch Max Reinhardt bespielt, in den 1930er-Jahren von den Nationalsozialisten enteignet, umgebaut und weiterbetrieben und nach Zerstörungen im Zweiten Weltkrieg und Wiederaufbau unter staatlicher Leitung der DDR erneut munter genutzt. 1980 musste das Theater geschlossen werden; die Holzpfähle, auf denen es gründete, waren verrottet, das Gebäude sackte ab.

Für den neuen Friedrichstadtpalast war der Block zwischen Friedrich-, Johannis-, Kalkscheunen- und Ziegelstraße vorgesehen, ein Gelände, auf dem bis zum Zweiten Weltkrieg eine Kaserne stand. Für den Entwurf war ein Kollektiv um den Architekten Manfred Prasser (1932–2018) verantwortlich. Die Herren durften, um eine Idee von der Revue- und Varietéwelt der Gegenwart zu bekommen, eine Gruppenreise nach Paris unternehmen. Die Erfahrungen von Moulin Rouge und Folies Bergères waren nicht ohne Einfluss auf den Entwurf: Auf die Architektur weniger – der Palast ist ein Plattenbau und unterlag in Konstruktion, Material, Raster und vielem mehr einem strengen Diktat – wohl aber auf die Technik und das Dekor.

Der Baukörper misst etwa 80 Meter in der Breite und 110 Meter in der Tiefe, steht allseitig frei und bleibt mit einer Höhe von 20 Metern unterhalb der Traufhöhen der Umgebung. Seine primäre Raumfolge ist die im Theaterbau seit Jahrhunderten bewährte: Eingang und Foyer, hier in Richtung Friedrichstraße und einmündende Reinhardtstraße risalitartig vorgezogen, liegen in einer Achse mit dem Zuschauersaal, der Bühne und der Hinterbühne. Der Saal ist für 1.900 Plätze ausgelegt, die in einem ansteigenden Drittelkreissegment angeordnet sind und im Zentrum die Vorbühne haben. Diese ist als Hubpodium ausgebildet und kann wahlweise in eine Zirkusmanege, einen Orchestergraben, ein Wasserbassin oder eine Eislaufbahn verwandelt werden. Hinter dem 24 Meter breiten Bühnenportal folgt die Hauptbühne mit Bühnenturm, Drehscheibe, zwei unterschiedlich tiefen Seitenbühnen und der Hinterbühne.

Diese Längsachse ist für die Gesamtform des Palastes allerdings keine Symmetrieachse. Recht pragmatisch ist der Baukörper in Richtung Süden für ein Tanzkabarett erweitert und in Richtung Südosten für die Werkstätten, Probenräume, Garderoben und Technikräume.

Es speisen sich nicht nur die technischen Einbauten aus den Bildern und Erlebnissen, die das Planungskollektiv im nicht-sozialistischen Wirtschafts-

FRIEDRICHSTADT PALAST
PALAST BERLIN
„MUST-SEE in Berlin!"
New York Times
Respect
PALAST BERLIN
PALAST BERLIN

Manfred Prasser innerhalb eines Planungskollektivs

gebiet gesammelt hatte, sondern auch die Dekors im Inneren und an der Eingangsfassade. Wohl nie zuvor und nie wieder gab es in der DDR einen derart aufwändig dekorierten Plattenbau. Die sandsteinfarbenen Betonelemente haben ein plastisches, entfernt an Formen des Jugendstils erinnerndes Relief, der Eingang ist eine haushohe leuchtende Vitrine, die hohen Fenster sind bunt verglast mit einer Art Mittelpfosten aus Glasbausteinen, der sich nach oben zu einem Fächer öffnet, was mit einiger Fantasie an Puschel schwingende Revuetänzerinnen denken lässt.

Mit dem Friedrichstadtpalast ist etwas gelungen, das innerhalb des Plattenbau-Spektrums unmöglich schien: Es ist dem Systembau eine Architektursprache hinzugefügt worden, ein Bedeutungscode aus buntem Glas und Licht, der aus der stummen monotonen Kollektiverfahrung Plattenbau ein kommunizierendes Haus macht – ein Haus, das bei aller vertrauten Gleichform von Revue, Tanz, Fernsehshow und guter Laune spricht. ●

Friedrichstadtpalast on Schiffbauerdamm, just 150 meters to the southwest, was demolished. Designed by Hans Poelzig (1869–1936) in 1919, the "Grosses Schauspielhaus" (Great Theater) was actually a converted, out-of-use market hall created by Friedrich Hitzig (1811–1881), which was 50 years old at the time. Poelzig had turned the six-aisled iron-and-glass construction into a spectacular theater hall with a dome and a firework of stalactite-like ornamental cones. Max Reinhardt directed here in the 1920's; the National Socialists expropriated, reconstructed, and continued to use it in the 1930's; and following its destruction and reconstruction after World War II, the theater opened its doors again under state management in the GDR. In 1980, the theater was forced to close, as the wooden stakes on which it rested were rotting and the building started to subside.

Plans were in place to open the new Friedrichstadtpalast on the block between Friedrichstrasse, Johannisstrasse, Kalkscheunenstrasse, and Ziegelstrasse – a site which had accommodated barracks up until World War II. A collective led by architect Manfred Prasser (1932–2018) was responsible for the design. To gain a better understanding of the world of revue and cabaret at the time, the gentlemen were given permission to embark on a group trip to Paris. Their experiences of Moulin Rouge and Folies Bergères certainly had an impact on the design: not so much on the architecture – as a prefabricated building, the palace was subject to stringent rules in terms of its construction, material, grid, and much more – but most definitely on the technology and decor.

The structure measures approximately 80 meters in width and 110 meters in depth, stands detached on all sides, and stayed below the eave heights of its surroundings at 20 meters. It stuck with the primary sequence of rooms that has prevailed over centuries in theater construction: The entrance and foyer – in this case jutting out like an avant-corps on the sides facing Friedrichstrasse and Reinhardtstrasse, which runs perpendicular to Friedrichstrasse – are positioned on an axis with the hall, the stage, and the backstage area. The hall holds 1,900 seats arranged in a rising third of a circle, with the forestage at the center. This forestage is designed as a lifting podium which can transform into a circus ring, orchestra pit, water basin, or ice rink as needed. Behind the 24-meter-wide stage portal lies the main stage with its stage tower, turntable, two side stages with different depths, and the backstage area. However, the longitudinal axis doesn't serve as an axis of symmetry for the overall shape of the palace. Quite pragmatically, the structure has been expanded towards the south to make space for a dance cabaret and towards the southeast to accommodate workshops, practice rooms, dressing rooms, and utility rooms.

The images and experiences the planning collective gathered in non-socialist economic territory not only inspired technical installations, but also the decor of the interior and the entrance facade. Never before had the GDR created such an elaborately decorated prefabricated building - nor would they in the future. The sandstone-colored concrete elements feature a vivid relief, remotely reminiscent of the shapes of Jugendstil; the entrance boasts a

luminated cabinet that stretches up to the ceiling; the high windows don colorful glass with a type of mullion made of glass bricks, opening upwards into a fan – with a little fantasy, it conjures up images of pom-pom-waving cabaret dancers.

The Friedrichstadtpalast succeeded in creating something that seemed impossible within the prefab spectrum: It added an architectural language to system construction, a code of meaning consisting of glass and light which turns the dull, monotonous collective experience of prefabricated buildings into a communicating house – a house that retains the familiar uniformity but still speaks of cabaret, dance, TV shows, and high spirits. ◆

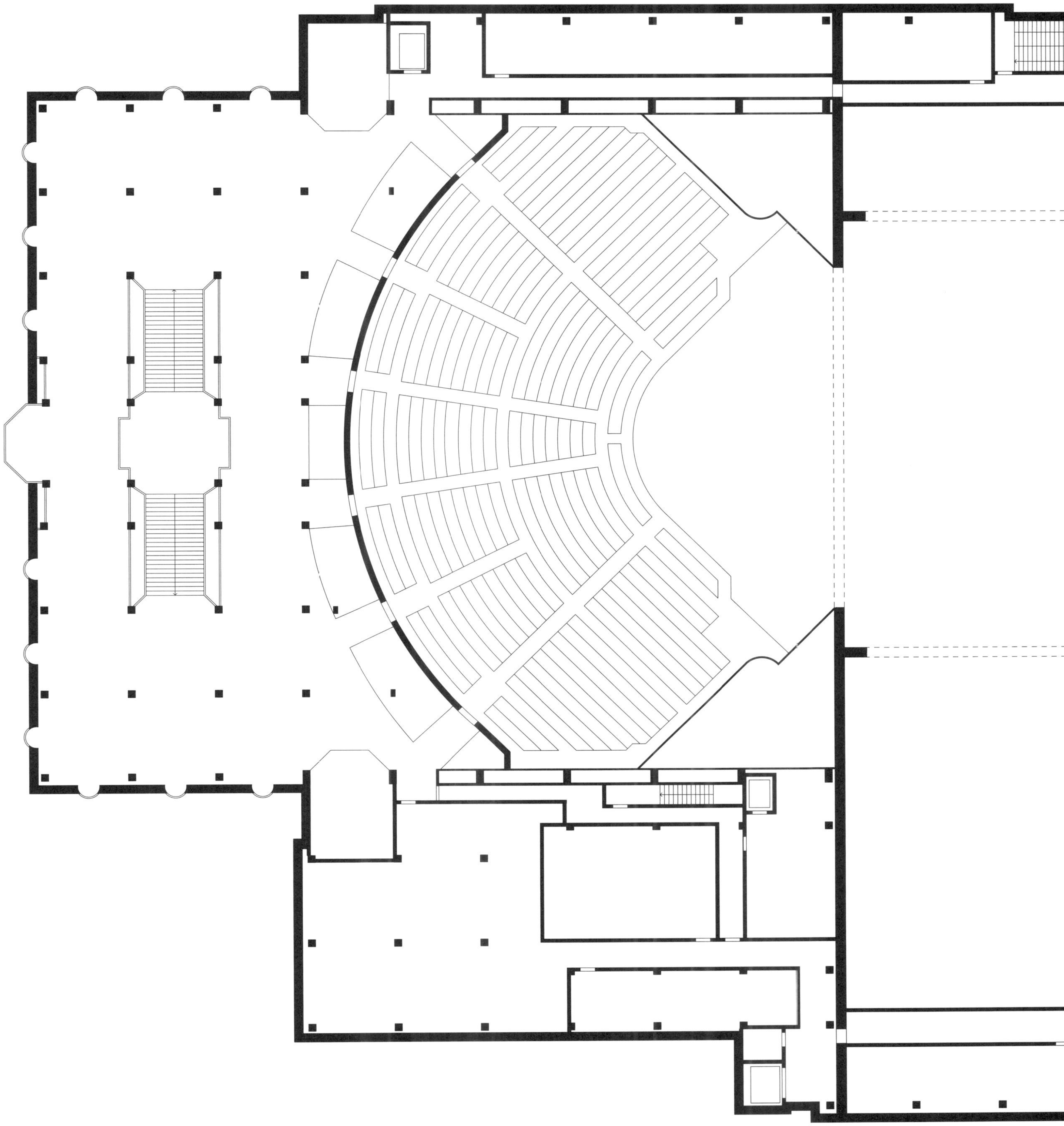

14

Architekt
Architect
Jürgen Sawade

Objekt
Object
Hotel

Ort
Location
Lützowufer 15, Mitte

Fertigstellung
Completion
1988

Als im Mai 1988 das neue Grand Hotel Esplanade am Lützowufer eröffnet, steht vom alten Grand Hotel Esplanade am Potsdamer Platz immerhin noch ein Fragment. Der prunkvolle Vorgängerbau aus dem Jahr 1908, entworfen von Otto Rehnig (1864–1925), war im Zweiten Weltkrieg zum Großteil zerstört worden, aber zwei Säle waren verblieben und wurden in den folgenden Jahrzehnten auch weiter genutzt. Als nach dem Mauerfall dann die große Brache des Potsdamer Platzes neu bebaut wird, kommen die Säle trotz Denkmalschutz fast unter die Räder der Bagger, werden dann aber doch, wenn auch an anderer Stelle, in die Neubauten implantiert.

Das neue Hotel Esplanade steht in etwa anderthalb Kilometern Distanz zum alten auf einem dreiecksförmigen Grundstück am Landwehrkanal direkt gegenüber dem 1979 eröffneten Bauhaus-Archiv. Der Architekt Jürgen Sawade (1937–2015) nutzt die ungewöhnliche Form zu einer Demonstration: Als wäre hier ein typischer Berliner Block geometrisch präzise diagonal zerschnitten, verbleiben zwei Flügel im rechten Winkel zueinander, die Schnittflächen werden wie Brandwände behandelt, das Innere wird entblößt. Die Flügel stehen an der Lützow- und der vormaligen Dörnbergstraße, also da, wo es gegenüber eine dichte Bebauung gibt, und sie öffnen sich nach Nordwesten zum Kanal. Der offen gelegte Hof ist eingeschossig überbaut, sodass im Erdgeschoss das ganze umfängliche hier anzusiedelnde Raumprogramm eines Hotels auch Platz findet: Vorfahrt, Eingang und Lobby, Restaurant, Bar, Konferenzräume und Pool. Der Grundriss ist symmetrisch über die Winkelhalbierende gegliedert, es gibt zwei Aufzugsanlagen zur Erschließung der 400 Zimmer in den Obergeschossen der beiden Flügel mit den Suiten an den spitzwinkligen Enden.

Die beiden siebengeschossigen Gebäudeflügel sind in Sockel, Mittelteil und oberen Abschluss gegliedert, außen mit hellem poliertem Granit verkleidet, innenseitig, der Hof-Analogie folgend, mit weiß glasiertem Klinker, sogenannten Berliner Pfeifenköpfen. Der Fensterrhythmus ist streng und ruhig, die Fenster der fünf Obergeschosse haben eine für Berlin untypische Proportion und Dimension von drei Metern Breite und zwei Metern Höhe, der hohe Sockel ist vertikal gegliedert durch ein Stakkato von ein Meter breiten und fünf Meter hohen Fenstern, das sechste Obergeschoss springt entlang der Straßen im Osten und Süden um zwei Meter zurück und Pergolen aus Stahl-Profilen führen hier die klare Kubatur zum Abschluss. Jürgen Sawade selbst hat das Gebäude mit den drei Adjektiven modern, nobel, zeitlos beschrieben; keine Dekoration, kein Kitsch, keine Kulisse.

Es ließe sich noch ergänzen, dass die Öffnung des Erdgeschosses zum vielbefahrenen Lützowufer zu einer Revitalisierung des schon damals recht unbelebten Lützowplatzes zwar nichts beigeträgt, durch diesen unromantischen Realitätssinn die hoteleigene Vorfahrt mit der Eingangshalle aber zu einem ganz eigenen abgeschirmten Ort von lichter Großzügigkeit und Weite wird. Das Hotel ist nach einigen Eigentümerwechseln und Umbauten im Inneren immer noch in Betrieb. ●

Sheraton
HOTEL

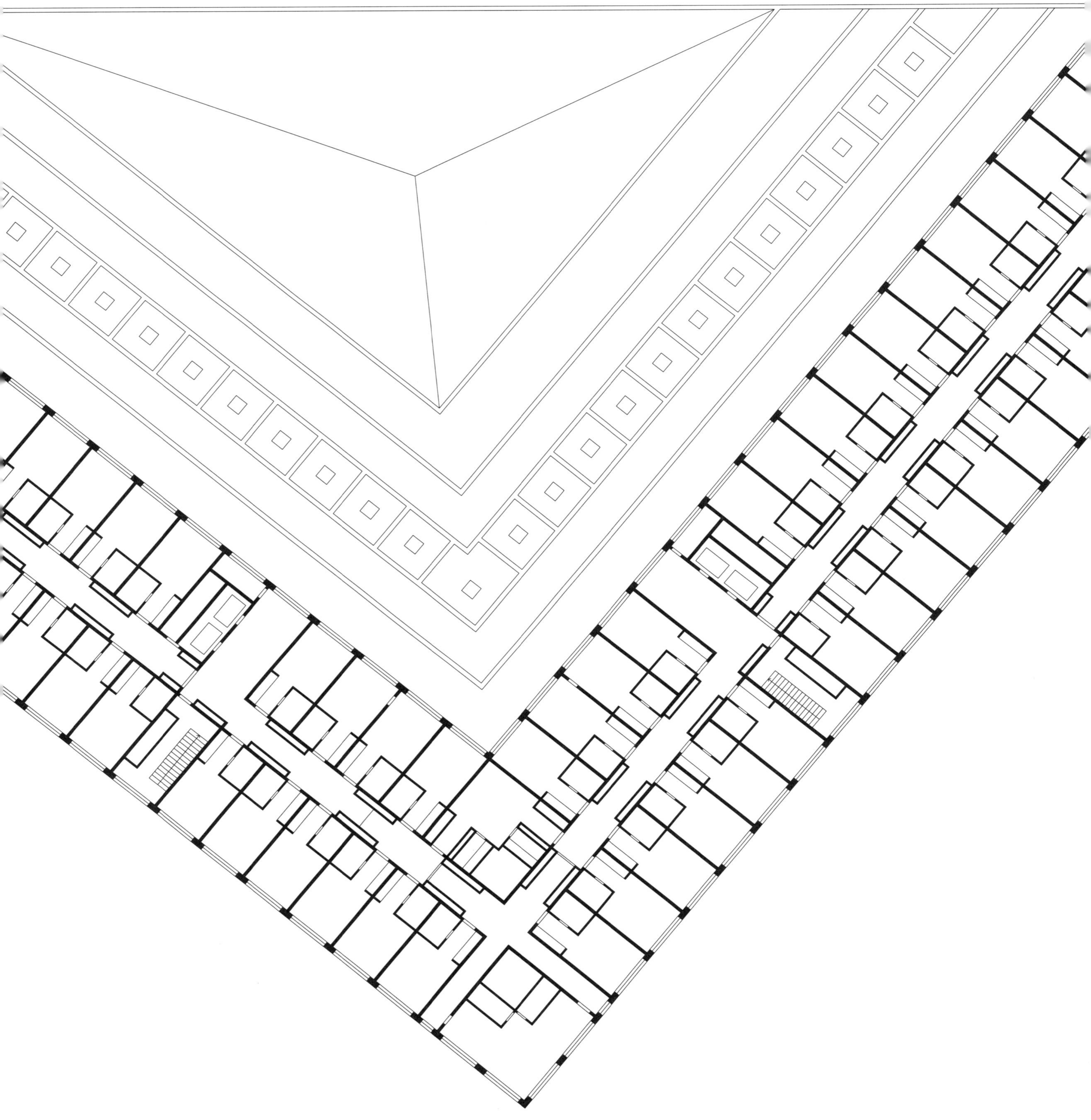

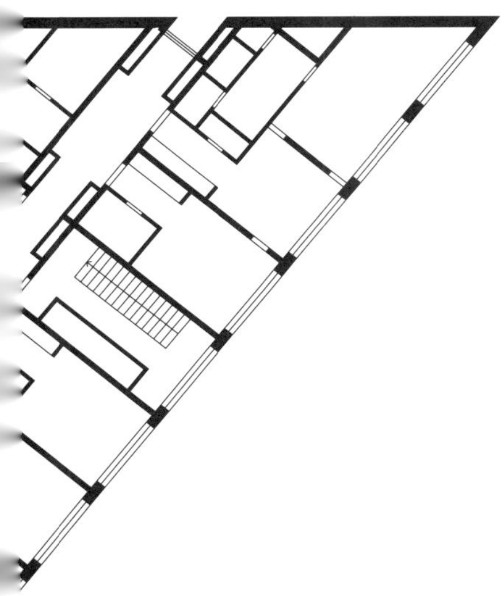

When the new Grand Hotel Esplanade opened its doors on Lützowufer in May 1988, a fragment of the old Grand Hotel Esplanade on Potsdamer Platz still remained standing. The pompous predecessor building from 1908, designed by Otto Rehnig (1864–1925), had been largely destroyed during World War II, but two halls remained intact and continued to be used throughout the following decades. When the construction of new developments began on the vast wasteland of Potsdamer Platz after the fall of the wall, the halls – despite a preservation order – nearly fell victim to the excavators, but were eventually implanted into the new buildings instead, though in a different position.

The new Hotel Esplanade is situated approximately one and a half kilometers from the old hotel, on a triangular property on the Landwehr Canal, directly across from the Bauhaus Archive, which opened in 1979. Architect Jürgen Sawade (1937–2015) took advantage of the unusual shape to stage a demonstration: As if a typical Berlin block had been sliced in a geometrically precise diagonal, two wings remain at a right angle to one another, the cut surfaces are treated as firewalls, the interior is exposed. The wings are located on Lützowstrasse and the former Dörnbergstrasse, across from a dense development, and they open up to the canal in the northwest. The open courtyard is covered by a one-story building, allowing the ground floor to fully accommodate the spatial allocation plan of a hotel: driveway, entrance and lobby, restaurant, bar, conference rooms, and a pool. The layout is symmetrically structured along the angle bisector. Two elevator systems are available to access the 400 rooms on the upper floors of both wings, which contain suites in the acute-angled ends.

Both of the seven-story building wings are divided into base, middle section, and upper finish, clad with light-colored polished granite on the outside, and with white glazed clinker brick on the inside in line with the design of the courtyard – so-called "Berlin pipe bowls." The rhythm of the windows is strict and calm; the windows on the five upper floors feature atypical proportions and dimensions for Berlin standards, measuring a width of three meters and height of two meters. The high base is vertically divided by a staccato of one-meter-wide and five-meter-high windows, the sixth floor is set back by two meters along the road to the east and south, and steel-profile pergolas complete the clear cubage here.

Jürgen Sawade himself described the building with the following three adjectives: modern, noble, and timeless. No ornamentation, no kitsch, no staging. It could also be added that while the opening of the ground floor to the busy Lützowufer doesn't contribute to a revitalization of the Lützowplatz square, which was already rather deserted back then, the hotel's driveway with an entrance hall does constitute a shielded space of bright generosity and vastness due to its unromantic sense of reality. After several changes in ownership and interior renovations, the hotel is still open for business. ◆

15

Architekt
Architect
James Stirling und Michael Wilford

Objekt
Object
Wissenschaftszentrum für Sozialforschung

Ort
Location
Reichpietschufer 48–58, Mitte

Entwurf
Designed
1979
Fertigstellung
Completed
1988

Das Berliner Wissenschaftszentrum ist eine Forschungseinrichtung auf dem Gebiet der Sozialwissenschaften. Geforscht wird zu wirtschaftswissenschaftlichen Fragen, gesellschaftlichen Entwicklungen und politischen Systemen, theoretisch, praktisch und oft in internationalen Kooperationen. Das Raumprogramm eines Wissenschaftszentrums ist, bei aller inhaltlicher Vielfalt und Aktualität, erstaunlich unspektakulär und konventionell – es ist im Grunde das eines Bürohauses mit vielen Einzelbüros, einigen Gruppenarbeitsräumen, einer Bibliothek und Orten der Begegnung.

Bürogebäude zeichnen sich in ihrem Inneren und Äußeren durch Raster und Regelmäßigkeit aus und durch Flexibilität innerhalb einer von Wiederholung geprägten Struktur. Der Entwurf, den die britischen Architekten James Stirling (1926–1992) und Michael Wilford (*1938) für dieses Programm vorlegen ist unerwartet, ungewöhnlich und bildstark. Vier Baukörper, jeder für sich formal eigen in der Grundrissform, eine Basilika oder Kreuzkirche, eine Stoa, ein Campanile und eine Theaterarena, bilden gemeinsam mit einem Bestandsgebäude aus dem 19. Jahrhundert einen Hof. Die Neubauten wenden sich dem neu geschaffenen Binnenraum zu, die Hauptfassade des Altbaus weist nach wie vor zum öffentlichen Raum der Straße und bildet für die Gruppe den Eingang.[1]

Der Campanile, im Grundriss ein Sechseck, ist mit acht Geschossen das höchste Gebäude der Gruppe und beherbergt die Bibliothek, die Stoa im Nordosten ist dreigeschossig und das Halbrund des Theaters und die Kirche sind mit fünf Geschossen so hoch wie der Altbau.[2] Alle Gebäude sind im Grundriss symmetrisch und miteinander verbunden, die Anschlüsse sind so beiläufig und gleichzeitig sorgfältig ausgebildet, dass Formen und Geometrien klar bleiben.

Die Architekten leiten von den antiken Vorbildern zwar die Figuren im Grundriss ab, nicht jedoch den Raum oder die sie konstituierenden Elemente. Ihnen allen sind Geschossdecken eingefügt, Erschließungen, Büroräume und Nebenräume. Durch die Verteilung auf fünf Gebäude können die Raumgruppen unterschiedlich zugeordnet und miteinander verbunden werden; geschossweise, hausweise oder bereichsweise.

So unterschiedlich die Formen der Baukörper sind, so einheitlich ist die Gestaltung ihrer Fassaden. Es gibt ein durchgängig wiederholtes Fenster, das gleichzeitig das Einzelbüro repräsentiert und in seiner Wiederholung die Zusammenarbeit innerhalb der Institution. Dieses Fenster befindet sich immer in der Mittelachse des Raumes und wird außen durch einen sehr kräftigen Rahmen betont, der wie Scheuklappen seitlich und oberhalb der Öffnung montiert ist, aber keine Sohlbank ausbildet. Noch eigenwilliger als die markanten Rahmen aber ist die Farbigkeit der Gebäude. Geschossweise wechseln sich roséfarbener und blauer Putz ab, durchgängig über alle vier Neubauten hinweg und in betontem Kontrast zu der preußischen Repräsentationsform des Altbaus. Hinter dessen hochdekorierter

1
Bei dem Bestandsgebäude handelt es sich um das vormalige Sozialversicherungsamt des Deutschen Reichs aus dem Jahr 1894, das den Zweiten Weltkrieg ohne größere Schäden überstanden hat und ursprünglich von einer dichten Bebauung mit Mietwohnhäusern umgeben war.

2
Der Baukörper mit dem Kirchengrundriss entstand zunächst nur eingeschossig, weil zwischenzeitlich das Raumprogramm reduziert wurde. Seine Konstruktion ließ aber eine Aufstockung zu, die in den Jahren 1995 und 2020 um jeweils zwei Geschosse auch erfolgt ist.

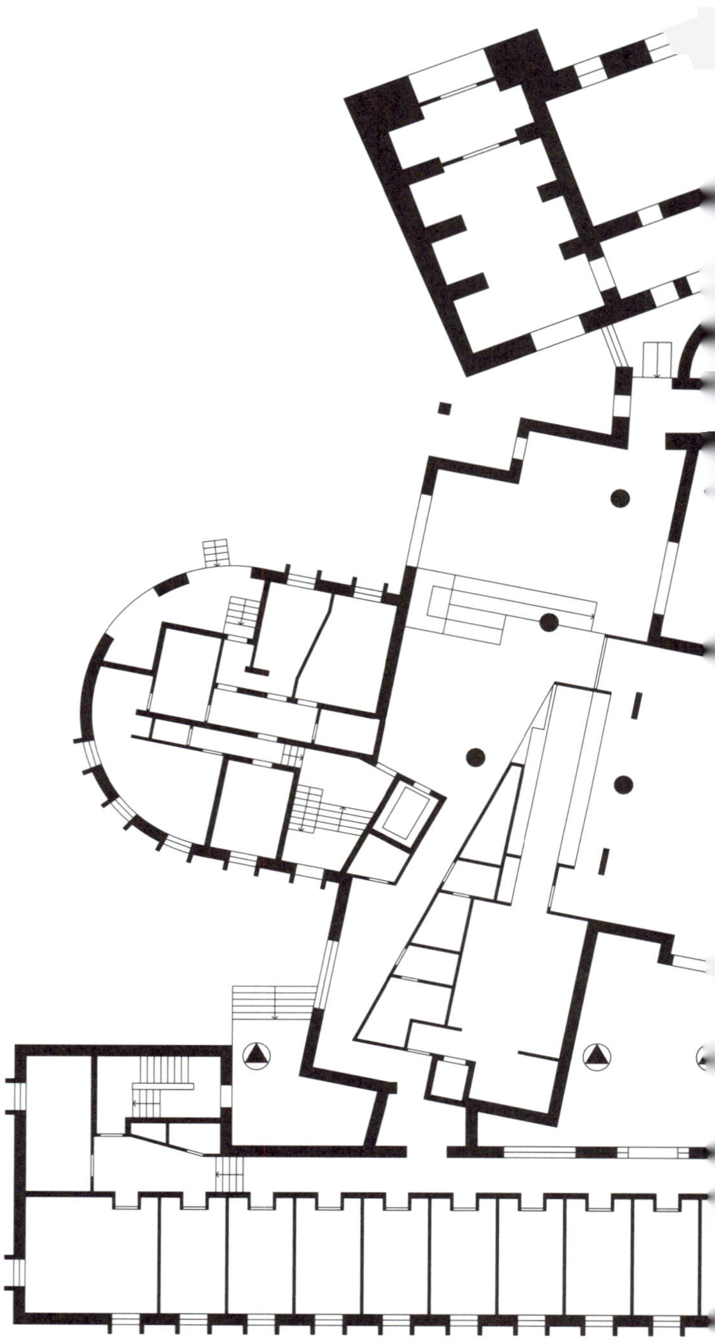

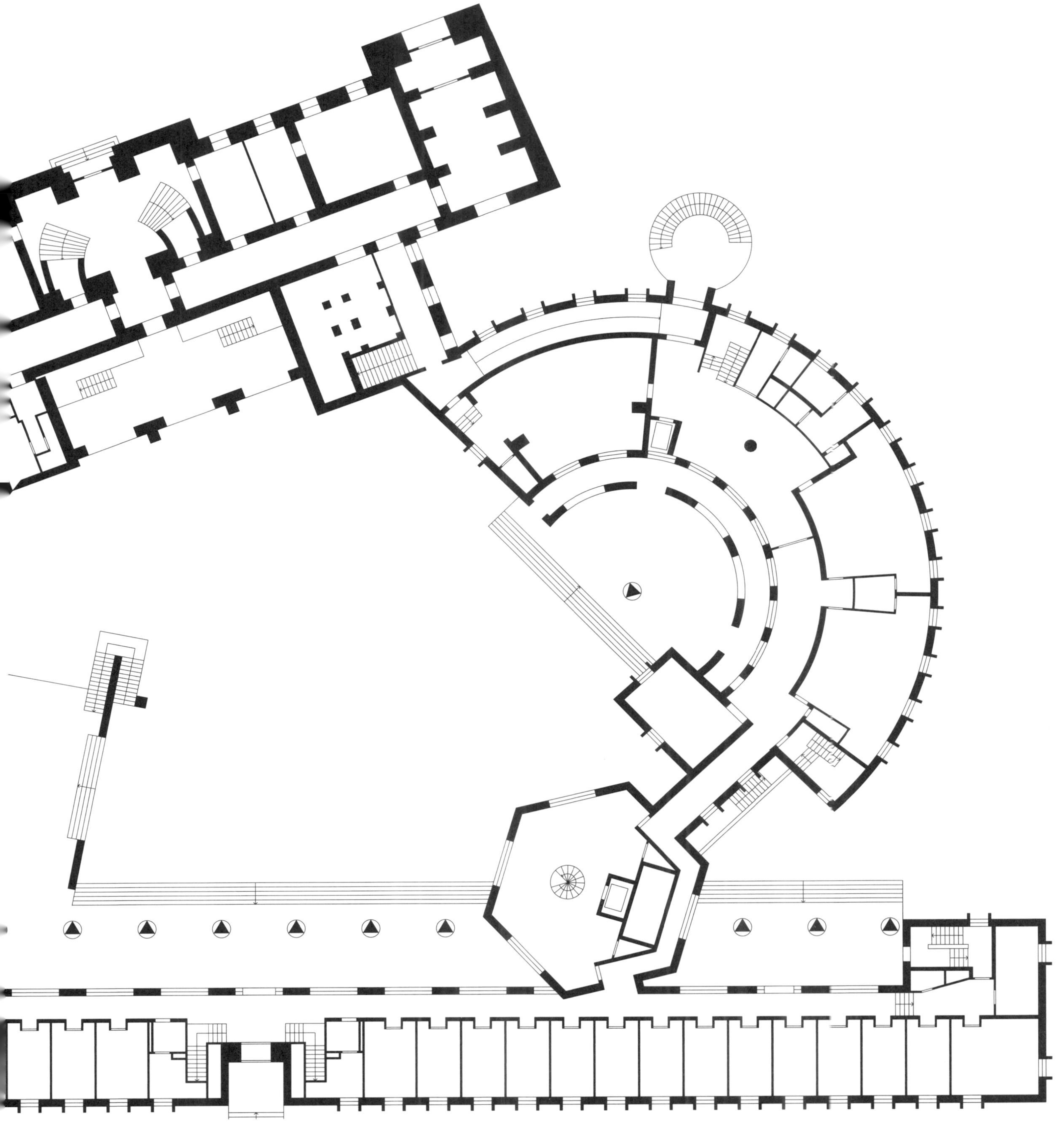

Natursteinfassade wirkt die Gruppe der farbigen Baukörper mit ihren Erinnerungen provozierenden Formen wie eine bauliche und räumliche Verkörperung des Forschungsgegenstandes des Wissenschaftszentrums – den Bedingungen des Neben- und Miteinanders unterschiedlicher sozialer Lebensformen.

Eigentlich hatten die Architekten einen fünften Neubau vorgesehen, der westlich der vormaligen Reichsversicherungsanstalt platziert werden sollte und damit außerhalb der fünf wie eine Wagenburg zusammenstehenden Gebäude. Er wäre sich allerdings auch selbst Schutz genug gewesen: für seinen Grundriss war die Form einer Burg vorgesehen. ●

The Berlin Social Science Center is a research institute for the social sciences. Employees conduct research on economic matters, social developments, and political systems – in theory, practice, and often through international collaborations. Despite the diversity of the content and topicality, the spatial allocation plan of a science center is astonishingly unspectacular and conventional – essentially, it constitutes an office building with many individual offices, a few group work rooms, a library, and meeting places.

The interior and exterior of an office building is characterized by grids and regularity as well as flexibility within a structure shaped by repetition. The British architects James Stirling (1926–1992) and Michael Wilford (*1938) presented an unexpected, unusual, and visually impressive design for this project. Four structures, each with an individual layout – a basilica or four-naved church, a stoa, a campanile, and a theater arena – merge to form a courtyard together with an existing building from the 19th century. The new builds are turned towards the recently created inner space, while the main facade of the old building continues to face the public area of the street and serves as the entrance for the group.[1]

The campanile, which takes the shape of a hexagon, is the tallest building of the group with eight stories and houses the library, the stoa in the northeast contains three stories, and the semicircular theater as well as the church match the height of the old building with five stories.[2] All buildings are symmetrical and connected to one another in their layout, with links so casually and at the same time carefully formed that the shapes and geometries remain clear.

While the architects derived the figures of the layout from antique role models, this does not apply to the space or the elements that constitute it. Ceilings, subdivisions, offices, and side rooms have been inserted into all of them. By spreading them out across five buildings, the groups of rooms can be allocated and connected to one another in different ways; by story, by house, or by area.

Although the structures' shapes differ considerably, they present a uniform facade design. A certain type of window is repeated throughout, simultaneously representing an individual office and, through its repetition, the collaboration within the institution. This window is always positioned in the central axis of the room and is emphasized through a very solid frame on the outside, mounted like blinders on the sides and above the opening, but doesn't form a window ledge. But the building's color scheme is even more unconventional than the striking frames. Rose-colored and blue plaster alternate story by story and throughout all four new builds, providing a clear contrast to the Prussian representative form of the existing building. Behind its highly ornamented natural-stone facade, the group of colorful structures with its memory-evoking shapes appears like a spatial embodiment of the science center's research subject – the conditions of living with and alongside one another for different social life forms.

The architects had planned a fifth new build to the west of the former Reich Insurance Company, which would leave it as an outsider next the other five buildings that are connected like a corral. But it would have provided enough protection in itself: Its layout included a castle. ◆

1
The existing building is the former German Reich's Social Insurance Office from 1894, which survived World War II without much damage and was originally surrounded by a dense development of rental buildings.

2
The structure with the church layout was originally only erected as a one-story building after the spatial allocation program was reduced. But its construction allowed for the addition of another story, and accordingly, two further stories followed in 1995 and 2020.

16

Architekt
Architect

Oswald Mathias Ungers

Objekt
Object

Abwasser-Pumpwerk

Ort
Location

Alt-Moabit 67–70, Mitte

Entwurf
Designed
1979

Fertigstellung
Completed
1987

Das eigenartig vertraut wirkende Gebäude aus rotem Ziegel mit Satteldach und vier hohen Schornsteinen, das autonom und in sich ruhend an der großen Straße steht, ist nur der kleinere Teil eines in der Hauptsache unterirdischen technischen Bauwerks. In einem Abwasser-Pumpwerk wird Schmutz- und Regenwasser gesammelt, ein Reservoir gebildet und mit Hilfe von Pumpen durch Druckleitungen zum Klärwerk befördert. All dies geschieht unter der Erde.

Das neue Pumpwerk, das Oswald Mathias Ungers (1926–2007) für die Berliner Wasserbetriebe entwirft, steht neben seinem Vorgängerbau, der technisch veraltet war und funktional ersetzt werden musste. Das alte Pumpwerk von 1890 war Teil des von James Hobrecht entwickelten zwölfteiligen Radialsystems zur Abwasserbeseitigung. Der preußische Stadtplaner hatte Berlin 1862 mit dem Fluchtlinienplan nicht nur ein tragfähiges Stadtentwicklungskonzept beschert, sondern in der Folge auch ein äußerst fortschrittliches Entwässerungssystem.

Ungers entwirft in einem ersten Vorschlag einen einer dreischiffigen Basilika ähnelnden Baukörper, etwa 18 Meter breit und 30 Meter lang, der bis auf ein zentrales Eingangstor geschlossen ist. Auf das Hauptschiff setzt er ein steiles Satteldach, das einschließlich der Giebelflächen gläsern ist. Auf den niedrigen Seitenschiffen platziert er vier hohe Sockel mit jeweils zwei Edelstahl-Rohren und Baumreihen. In der Frontalansicht setzt sich der Körper aus verschieden großen Quadraten und dem gleichschenkligen Dreieck des Giebelfeldes zusammen. Dieser radikal-rationale, geometrisch klare und gleichzeitig assoziationsreiche Entwurf muss in der Realisierung nur leicht transformiert werden. Das Gebäude erhält anstelle des Glasdachs zur besseren Schalldämmung eine massive Konstruktion, zur nun anders einzulösenden Belichtung zwei Reihen quadratischer Fenster wie Obergaden, einige weitere Türen und deutlich höhere, die Berliner Trauflinie überragende, gemauerte Schornsteine. Die Außenwände erhalten eine Bekleidung aus ziegelroten Verblendriemchen, das Dach wird mit Kupferblech verkleidet und Tor und Türen werden grün lackiert.

Das neue Pumpwerk funktioniert vollautomatisch und ferngesteuert. Im unterirdischen Gebäudeteil befinden sich ein großer Saugraum, Pumpen, Antriebe und Motoren, das oberirdische Bauwerk dient vor allem dem Zugang und der Steuerung der Maschinen. In der hohen Mittelhalle geben vier Öffnungen im Boden den Blick auf die unterirdischen Ebenen frei, im Seitenschiff führen Treppen hinunter.

Ungers rekurriert mit dem Pumpwerk auf den Universaltypus der Basilika, der seit der Antike die verschiedensten sakralen und profanen Funktionen beherbergt hat; er transformiert ihn, rationalisiert ihn formal, bezieht ihn auf den konkreten Ort und füllt ihn mit einem neuen Inhalt. Im historischen Bau- und Raumtyp entdeckt Ungers eine beispielhafte Lösung für bis heute gültige Grundfragen der Architektur und bringt sie mit seinen Mitteln, basierend auf Rationalität, Geometrie und Material, zum Ausdruck. Erfinden muss er nicht. Und der Funktion untergeordnet wird hier auch nichts. ●

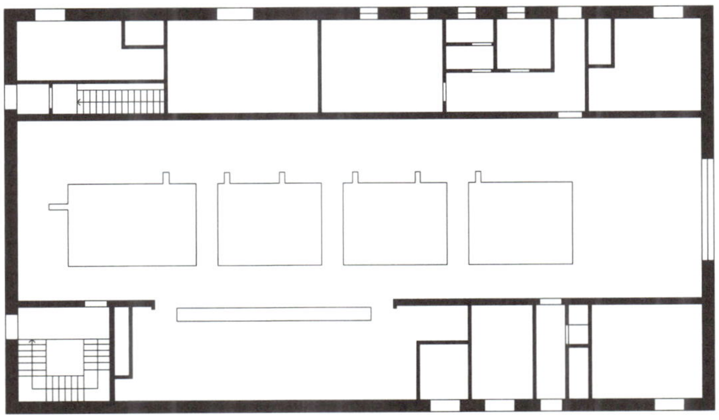

This building with an oddly familiar feel, made with red brick and topped with a saddle roof and four tall chimneys, which stands alone and at peace with itself on the broad road, merely makes up the smaller part of a primarily underground technical facility. A wastewater pumping station gathers dirty water and rainwater, pools it in a reservoir, and transports it to the treatment plant through pressure pipes with the help of pumps. All of this takes place below ground.

The new pumping station, designed by Oswald Mathias Ungers (1926–2007) for the water utility company Berliner Wasserbetriebe, sits beside its predecessor, which was technically obsolete and needed to be functionally replaced. The old pumping station from 1890 belonged to the twelve-part radial system for sewage disposal developed by James Hobrecht. The Prussian urban planner not only provided Berlin with the alignment plan for a sustainable urban development concept in 1862, but subsequently also created an extremely advanced drainage system.

In his first draft, Ungers designed a structure resembling a three-aisled basilica, approximately 18 meters wide and 30 meters long, enclosed except for a central entrance gate. He placed a steep saddle roof, consisting entirely of glass, even in the gable areas, on top of the main aisle. Four tall plinths with two stainless-steel pipes each and tree rows are positioned on the low side aisles. When viewed from the front, the structure is comprised of large squares of different sizes and the isosceles triangle of the tympanum. This radical and rational, geometrically clear, and at the same time evocative design only requires a small transformation during its implementation. Instead of a glass roof, the building is equipped with a solid construction to improve the sound insulation. This, in turn, calls for a different lighting solution: two rows of square windows like clerestories, a few more doors, and considerably taller brick chimneys that tower over Berlin's eaves heights. The external walls are donned with cladding consisting of brick-red stone strips, the roof is covered with copper sheets, and the gate and doors are painted green.

The new pumping station offers fully-automated operation and remote control. The underground building section contains a large sump, pumps, drives, and motors, while the aboveground structure is primarily used to access and control the machines. In the high middle hall, four openings in the floor reveal a view of the subterranean levels; stairs lead down from the side aisle.

With the pumping station, Ungers refers back to the universal type of the basilica, which has harbored a wide range of sacred and secular functions since antiquity; he transformed it, formally rationalized it, adapted it to the specific location, and filled it with new content. In the historical building and room type, Ungers discovered an exemplary solution to fundamental questions of architecture that are still valid today and expressed them with the means available to him, based on rationality, geometry, and material. He didn't need to invent anything. Nor did he subordinate anything to function. ◆

17

Architekt
Architect
Bernd Jansen (in Bangert Jansen Scholz Schultes)

Objekt
Object
Carillon

Ort
Location
John Foster Dulles-Allee/Querallee, Mitte

Fertigstellung
Completed
1987

1987 ist nicht nur – für West-Berlin – das Jahr der Internationalen Bauausstellung, es ist vor allem – für die gesamte Stadt – das 750. Jahr ihres Bestehens. Den Geburtstag bereitet man hier wie dort gut vor: Stadtbildprägende Gebäude und Plätze werden restauriert oder umgestaltet, Neues wird gebaut. Und um das Fest angemessen einzuläuten, erhalten sowohl Ost- als auch West-Berlin ein Carillon, ein von Hand zu spielendes großes Glockenspiel. Das Ost-Berliner Exemplar wird in den Turm des wieder aufgebauten Französischen Doms am Gendarmenmarkt installiert, im Westteil der Stadt wird ein freistehendes Instrument im Tiergarten gebaut.

Das Carillon im Tiergarten, entworfen vom Büro Bangert Jansen Scholz Schultes unter der Federführung von Bernd Jansen (*1943), ist ein schlanker Turm mit Flugdach. Vier schwarz-glänzende kantige Turmbeine stehen eng zusammen und bilden im Grundriss ein Quadrat mit Abmessungen von etwa zehn mal zehn Metern, spiegelsymmetrisch, nach den vier Haupthimmelsrichtungen orientiert, ungegliedert, 40 Meter hoch. Zwischen ihnen hängen im oberen Drittel in einer offenen Stahlkonstruktion die insgesamt 68 tonnenschweren Glocken, darüber befindet sich die Spielkabine. Den oberen Abschluss bildet ein allseitig auskragendes Dach mit goldfarbener Unterseite, das auf vier Federn elastisch gelagert ist. Die vier Turmbeine sind hohl und mit polierten schwarzen Natursteinplatten verkleidet, die Stahlteile sind graublau gestrichen, die Betonkonstruktion im Inneren des kreuzförmigen Zwischenraums leuchtet rosarot.

Im südöstlichen Turmbein befindet sich eine stählerne Wendeltreppe, die zum Glockenkammerboden mit den vier größten Glocken führt, von dort gelangt man über offene Stahlbrücken weiter hinauf zur Kabine mit dem Stockspieltisch, der Hand- und Fußspieleinrichtung, mit der die Klöppel der Glocken betätigt werden.

Das Carillon steht im Großen Tiergarten in der Achse der hier verschwenkenden Scheidemannstraße unweit des Hauses der Kulturen der Welt. Das 1957 als Kongresshalle eröffnete Gebäude war zur 750-Jahre-Feier wieder aufgebaut worden, nachdem 1980 die aufwändige und die Gestalt des Hauses dominierende Hängedachkonstruktion eingestürzt war. Ob das schwebend wirkende Dach des Carillons ein Kommentar ist zur Schwere und ostentativen Verankerung an zwei Fußpunkten des Nachbarn? Zum guten Klang des Instruments trägt es jedenfalls nicht bei. Um eine Weiterleitung der Schwingungen der Glocken in die Dachfläche und ungewünschte Resonanzen zu verhindern, ist es aufwändig auf Federn gelagert. Einem ausgewogeneren Klang zuträglich wäre die anfangs geplant gewesene umlaufende Lamellenkonstruktion als Resonanzkörper für die Glockenkammer. Sie blieb ebenso unausgeführt wie der Aufzug im nordwestlichen Turmbein. ●

1987 not only marked the year in which West Berlin hosted the International Architecture Exhibition, but also the 750th anniversary of the entire city. Both sides put plenty of effort into their birthday preparations: They restored or redesigned landmark buildings and squares, or even erected new ones. And to ring in the festivities in an appropriate manner, both

East and West Berlin received carillon, a glockenspiel played by hand. East Berlin set up its instrument in the tower of the reconstructed French Cathedral on Gendarmenmarkt, while the west built a free-standing version in the Tiergarten.

The carillon in the Tiergarten, designed by the office Bangert Jansen Scholz Schultes, with Bernd Jansen (*1943) taking the lead, is a slim tower with a flying roof. Four glossy, black, and angular tower pillars stand in close proximity and form the basic layout of a square, with dimensions of about ten by ten meters, symmetrically identical, oriented towards the four cardinal points, undivided, 40 meters tall. 68 bells, weighing 48 tons in total, hang in an open steel construction in the top third. The playing cabin sits above these. The structure is topped by an overhanging roof on all sides with a gold-colored underside, flexibly mounted on four springs. The four tower legs are hollow and clad in polished, black natural-stone slabs, the steel parts are painted blue, the concrete construction in the interior of the cross-shaped intermediate space shines in a pink shade.

The southeastern tower leg houses a steel spiral staircase leading to the bell chamber floor with the four largest bells. From here, open steel bridges take you up to the cabin containing the keyboard, with which the musician operates the bells' tongues using their hands and feet.

The carillon stands in the Grosser Tiergarten, in the axis of Scheidemannstrasse, which curves away here, and near the House of World Cultures. The building, opened as a congress hall in 1957, was rebuilt on the occasion of the 750th anniversary celebrations, after the elaborate suspension roof that dominated the building's design had collapsed in 1980. Could the roof of the carillon, which appears to be floating, represent a comment on the weight and ostentatious anchoring to the neighbors' two bases? In any case, it doesn't contribute to the great sound of the instrument. In order to prevent the bells' vibrations from traveling all the way to the roof surface and emitting unwanted resonances, it rests on a complex bed of springs. What would have been conducive to a more balanced sound was the initially planned construction of surrounding fins as a resonance body for the bell chamber. But just like the elevator in the northwestern tower pillar, these plans were never implemented. ◆

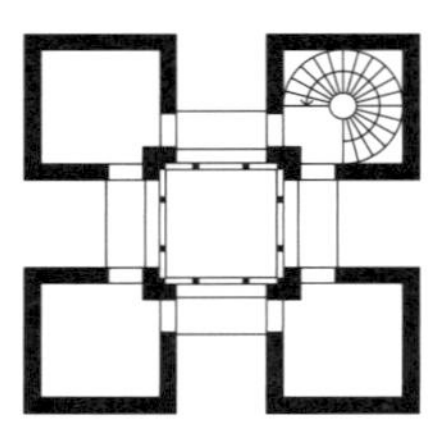

Und um das Fest angemessen einzuläuten, erhalten sowohl Ost- als auch West-Berlin ein Carillon, ein von Hand zu spielendes großes Glockenspiel.

And to ring in the festivities in an appropriate manner, both East and West Berlin received carillon, a glockenspiel played by hand.

18

Architekt
Architect
Erhardt Gißke

Objekt
Object
Planetarium

Ort
Location
Prenzlauer Allee 80, Pankow

Fertigstellung
Completed
1987

Als die Berliner Ringbahn mit ihrem ersten Abschnitt 1872 in Betrieb ging – schon zehn Jahre später fuhr sie in einem geschlossenen Ring – war die Stadt noch weit davon entfernt, die eingekreiste Fläche auszufüllen. Heute fährt die Bahn durch dicht bebautes Stadtgebiet und innerhalb des Rings ist Platz für lediglich 30% der Berliner Bevölkerung, der Großteil wohnt außerhalb. Als im selben Jahr 1872 zwischen Danziger Straße und Ringbahn mit dem Bau eines Gaswerks begonnen wird, einem von insgesamt 33 in Berlin, ist auch der Nordosten der Stadt noch nahezu unbebaut; die großen zylindrischen Behälter aus gelbem Klinker mit flachen Kuppeln stehen auf freier Flur. Gut hundert Jahre später – die Stadt hat das Gaswerk längst eingekreist – wird es stillgelegt und die Gasometer werden trotz Denkmalschutz und Engagement der Bevölkerung gesprengt. Auf dem Gelände ist ein Volkspark zu Ehren Ernst Thälmanns (1886–1944) vorgesehen, zu seinem 100. Geburtstag sollten hier keine Industriedenkmäler mehr stehen, sondern neben einer Kolossalstatue mit Kundgebungsplatz hohe Plattenbauten mit 1.300 Wohnungen und öffentlichen und sozialen Einrichtungen. Und ein Planetarium.

Die für ein Planetarium notwendige Technik liefert das Unternehmen, in dem das Projektionsplanetarium 1919 erfunden wurde, und das man inzwischen in die DDR-Staatsindustrie „integriert" hatte: Carl Zeiss Jena. In einem Planetarium wird der Sternenhimmel nicht wie in einer Sternwarte beobachtet, sondern als Simulation auf die Innenfläche einer halbkugelförmigen Kuppel projiziert. Von Carl Zeiss Jena stammt nicht nur der technisch überaus fortschrittliche Projektor mit dem Namen Cosmorama, sondern auch die Konstruktion der Innenkuppel.

Zum Architekten des Planetariums wird Erhardt Gißke (1924–1993) ernannt, der gleichzeitig auch verantwortlich für den gesamten Ernst-Thälmann-Park ist. Gißke ist Generalbaudirektor der DDR und Leiter sämtlicher Planungskollektive, es gibt unter Erich Honecker kein wichtiges Bauvorhaben, an dem er nicht verantwortlich beteiligt ist.

Das Planetarium steht im äußersten Nordwesten des neu geschaffenen Parks, wo die Prenzlauer Allee auf die Gleise der Ringbahn trifft. Sein dominierendes Element und Zentrum ist eine Zweidrittelkugel, die den Hauptsaal beherbergt. Die Bodenfläche dieses Saals ist um zwei Geschosse angehoben, so dass ein exakt halbkugelförmiger Raum mit einem Innendurchmesser von 23 Metern entsteht. In seinem Mittelpunkt steht das Projektionsgerät auf einer runden Plattform, die wie im Bühnenbau ins Untergeschoss abgesenkt werden kann – zur Wartung oder um den Saal anders zu nutzen. Unterhalb des Kuppelsaals befindet sich das Foyer, das fächerförmig von einem Vortragssaal, einer Cafeteria, Bibliotheks-, Büro- und Nebenräumen umgeben ist.

Im Erdgeschossgrundriss erscheint das konzentrisch organisierte Raumkonzept durchaus geschickt gefügt, in der dritten Dimension allerdings und in seiner äußeren Form und Gestalt wirkt das Planetarium wie eine Bricolage. Die dominierende Kugel mit einem äußeren Durchmesser von 30 Metern ist auf Dreivierteln ihres Umfangs umstellt von einem Kranz verschieden hoher und tiefer Baukörper, die teilweise mit gelbem Klinker verkleidet, teilweise hell verputzt sind und dunkle Fenster in den verschiedensten Formaten haben. Den Abschluss oder Auftakt dieses Kranzes bildet ein massiger, fensterloser Turm aus grob

strukturiertem Sichtbeton mit einem stumpf abgeschnittenen Kegeldach aus Glas. Er nimmt eine gewendete Treppe auf, die aus dem Foyer hinauf in den Kuppelsaal führt und ist mit der Kugel durch ein gläsernes Bauteil verbunden. Sämtliche Übergänge und Anschlüsse an die zentrale, mit Aluminiumblech verkleidete Kugel sind wohl technisch gelöst, nicht aber architektonisch oder wenigstens geometrisch. Allerdings wirkt das Gebastelte, das Improvisierte, das schwierige Ganze, das wie eine Ad-hoc-Schöpfung erscheinende der Baukörperformation im Kontext der schablonenhaften Systemplattenbauten befreiend.

In technischer Hinsicht war das Planetarium – auch dank der Erfindungen von Carl Zeiss – für seine Zeit außerordentlich fortschrittlich. Gleichzeitig funktioniert das Gebäude trotz sich entwickelnder und verändernder Technik weiter bis heute. Es ist saniert und technisch umgebaut worden zu einem sogenannten Wissenschaftstheater. ●

When the first section of the Berlin Ringbahn (circular railway) started operating in 1872 – just ten years later, it would complete the full ring –, the city was still far from filling in the enclosed area. Today, the line runs through a densely developed urban area, and only 30% of the city's population fits into the inner circle; the majority of Berliners live outside of it. When construction began on a gas plant (one of 33 in Berlin) between Danziger Strasse and the Ringbahn in the same year of 1872, the northeastern part of the city still largely stood bare. The sizeable, cylindrical containers made of yellow clinker with flat domes sat in open space. About a hundred years later, the gas plant – now fully encircled by the city – was shut down, and despite a preservation and efforts on the part of the public, the gasometers are blown up. The plans for this area include a public park in honor of Ernst Thälmann (1886–1944), and they aim eliminate all industrial monuments by his 100th birthday. Instead, the plans call for a colossal statue with a public gathering place as well as tall, prefabricated buildings accommodating 1,300 apartments and public and social facilities. And a planetarium.

The technology required for a planetarium is delivered by the company that invented the projection planetarium in 1919, and which had in the meantime been "integrated" into the GDR state industry: Carl Zeiss Jena. In a planetarium, visitors don't observe the starry sky in the same way as in an observatory, but as a simulation projected onto the inner surface of a hemispherical dome. Not only did Carl Zeiss Jena develop the technologically very advanced projector named Cosmorama, but also the construction of the inteior dome.

Erhardt Gißke (1924–1993) was selected to design the planetarium, the same architect who was also responsible for the entire Ernst-Thälmann-Park. Gißke served as general construction director of the GDR and head of several planning collectives. Under Erich Honecker, Gißke took on a leading role in every significant building project.

The planetarium is situated in the northwesternmost corner of the newly established park, where Prenzlauer Allee meets the Ringbahn tracks. The dominating element and center takes the shape of a two-third sphere which accommodates the main hall. The hall's floor surface is raised by two stories to create an exactly hemispherical room with an internal diameter of 23 meters. The projector stands on a round platform in the center, which can be lowered into the lower ground floor, just like in stage construction – in this case, for maintenance or to use the hall in a different way. Below the domed hall lies the foyer, surrounded by a lecture hall, cafeteria, library, offices, and side rooms in a fan-like arrangement.

In the ground floor layout, the concentrically structured room design seems to be integrated in a very clever way, but in three dimensions, and in its external shape and character, the planetarium appears like a bricolage. The dominating sphere with an external diameter of 30 meters is surrounded on three quarters of its circumference by a garland of structures with different heights, some of which are clad with yellow clinker, others plastered in light colors and featuring dark windows with a variety of formats. A bulky, windowless tower made of coarsely exposed concrete, with a bluntly truncated

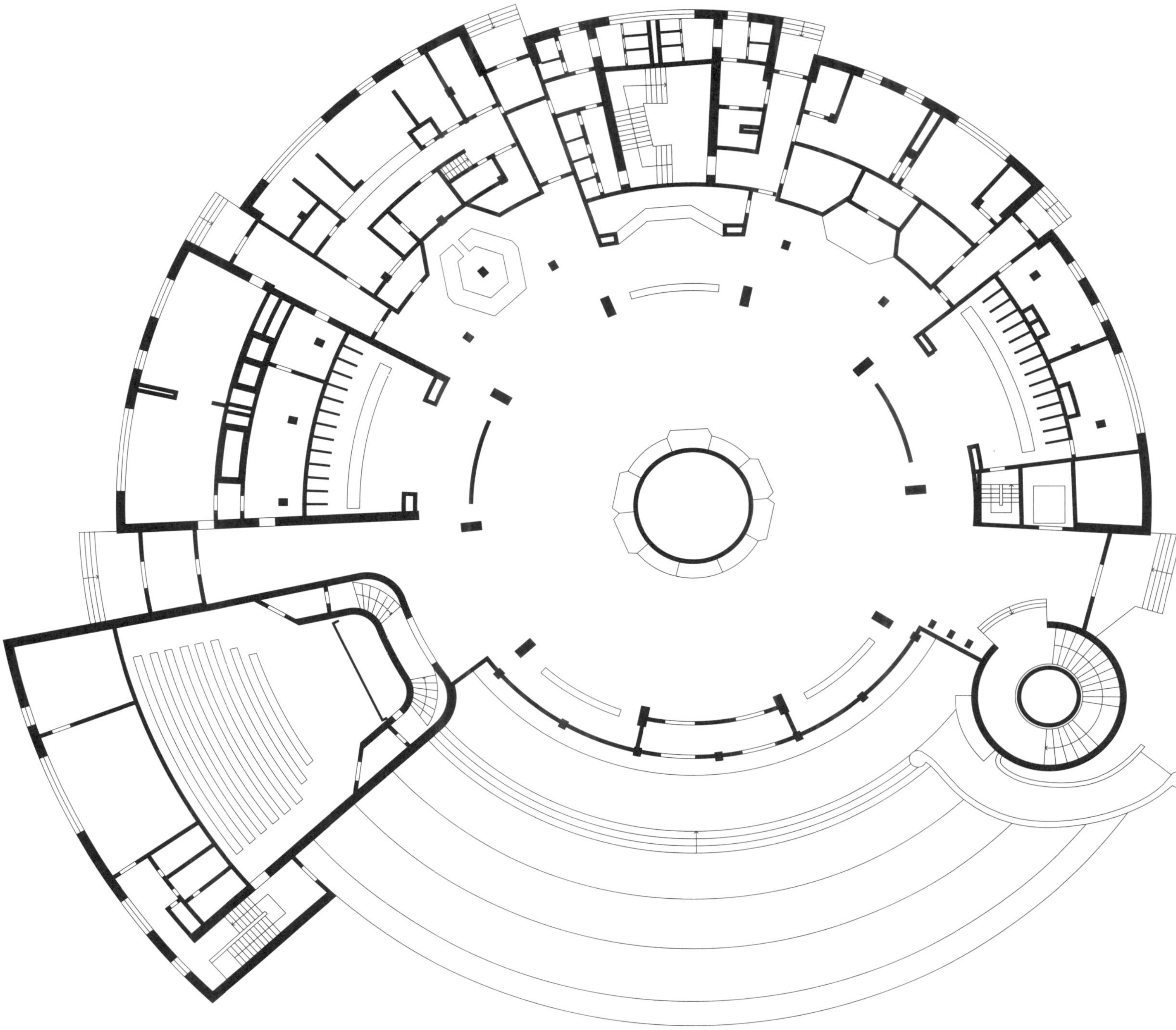

conical roof made of glass, serves as the beginning or end of this garland. It incorporates a winding staircase that runs upwards from the domed hall and is linked to the sphere through a glass component. All transitions and connections to the central, aluminum-clad sphere have been resolved on a technical level, but not architecturally or at least geometrically. However, within the context of formulaic prefabricated constructions, the rigged up, improvised facets, the difficult whole, the impression of an ad-hoc creation have a liberating effect.

On a technological level, the planetarium was exceptionally advanced for its time – in part thanks to the inventions of Carl Zeiss. And despite the constantly developing and changing technology, the building still works today. It has been renovated and technically reconstructed into a so-called science theater. ◆

19

Architekt
Architect
Joachim Ganz und Walter Rolfes

Objekt
Object
Krankenhaus des Maßregelvollzugs der Karl Bonhoeffer-Nervenklinik

Ort
Location
Oranienburger Straße 285, Reinickendorf

Fertigstellung
Completed
1987

Die Karl Bonhoeffer-Nervenklinik ist zum Zeitpunkt ihrer Erweiterung durch die Architekten Joachim Ganz (*1942) und Walter Rolfes (1943–2014) bereits hundert Jahre alt. Als der heutige Reinickendorfer Ortsteil Wittenau noch ein märkisches Dorf war, entstand hier nach Plänen des Architekten Hermann Blankenstein (1829–1910) die sogenannte Dalldorfer Irrenanstalt. Blankenstein, der während seiner langjährigen Amtszeit als Stadtbaurat weit über hundert öffentliche Bauten entwarf, legte auf dem rund 45 Hektar großen Gelände ein orthogonales Wegesystem an, in dessen breiter Mittelachse er die Verwaltungs- und Wirtschaftsbauten sowie technische Gebäude aufreihte. Beidseits dieser Achse bilden insgesamt zehn riegelförmige Patienten-Wohnhäuser vier Gartenhöfe. Im Krankenhausbau wird diese Form gern als Pavillonsystem bezeichnet, weil das Raumprogramm auf mehrere freistehende Gebäude verteilt ist. Von Pavillons kann hier allerdings nicht die Rede sein; es handelt sich um zwei- bis dreigeschossige gelb verklinkerte Gebäude mit rot gemauerten Sockeln und Gesimsen, hohen Fenstern in regelmäßigem Raster und flachen Satteldächern.

In den 1960er- bis 1980er-Jahren wird die Klinik durch mehrere, von dem Architekten Gerd Hänska (1927–1996) entworfene Gebäude erweitert, die in ihrer Form und Gestalt überdeutlich als Neuzugänge erkennbar sind.

Ganz und Rolfes hingegen entwerfen die neue Abteilung für Forensische Psychiatrie als Teil der Blankensteinschen Anlage. Sie platzieren den Neubau im Nordosten an der bestehenden Mittelachse und gliedern ihn in die orthogonale Ordnung des Pavillonsystems ein. Die Forensische Psychiatrie ist eine Sonderabteilung der Nervenklinik, in der psychisch kranke Straftäter untergebracht und behandelt werden. Es galt hier ein Gebäude mitsamt Freiflächen zu entwerfen, das die Patienten nicht verlassen können und das in seiner Gesamtheit höchsten Sicherheitsanforderungen genügt – ein Krankenhaus wie ein Gefängnis.

Konzipiert und entworfen haben es die Architekten aber vielmehr wie ein Kloster. Sein Zentrum bildet ein etwa 100 mal 70 Meter großer Gartenhof, der wie ein Klostergarten allseitig baulich eingefasst ist. Im Süden befinden sich die Stationen für die etwa 100 Patienten – ein zweigeschossiger kammförmiger Trakt mit abwechselnd glasgedeckten begrünten Hallen und offenen baumbestandenen Gartenhöfen. Im Norden befinden sich Werkstätten und im Osten und Westen bilden schmale lange Verbindungsgänge mit Fenstern die Mauern des Hofs. Die im Wettbewerb geforderten sechs Meter hohen Mauern mit breiten Sicherheitsstreifen sind hier zum Teil des Gebäudes und seiner Erschließung geworden, zu einer Art Kreuzgang.

Die Gebäude sind, wie die Altbauten auch, mit gelbem Klinker verkleidet und durch rote Ziegelbänder horizontal gegliedert. Die Fenster und großen Hallenverglasungen sind mit Spezialglas gesichert, Gitter gibt es keine. Die Forensische Psychiatrie, die heute als Krankenhaus des Maßregelvollzugs bezeichnet wird, mag sachlich ein Gefängnis sein, aber durch die Umdeutung und Umformung der üblichen Sicherheitselemente in architektonische Gebäudeteile ist das Haus nicht hart, rigoros und hermetisch und sind die hier lebenden Patienten nicht vollständig ausgegrenzt. Das Haus ist in die offene Struktur der durchgrünten Anlage integriert und die Patienten sind es soweit wie irgend möglich ins „Draußen".

Im Jahr 2006 wird ein Großteil der Abteilungen der Nervenklinik an andere Berliner Standorte verlegt und viele Gebäude der Anlage werden heute anders genutzt. Das Krankenhaus des Maßregelvollzugs ist hier verblieben; es ist nach Wilhelm Sander (1838–1922) benannt, einem Psychiater, der von 1887 bis 1914 Direktor der Irrenanstalt Dalldorf war. ●

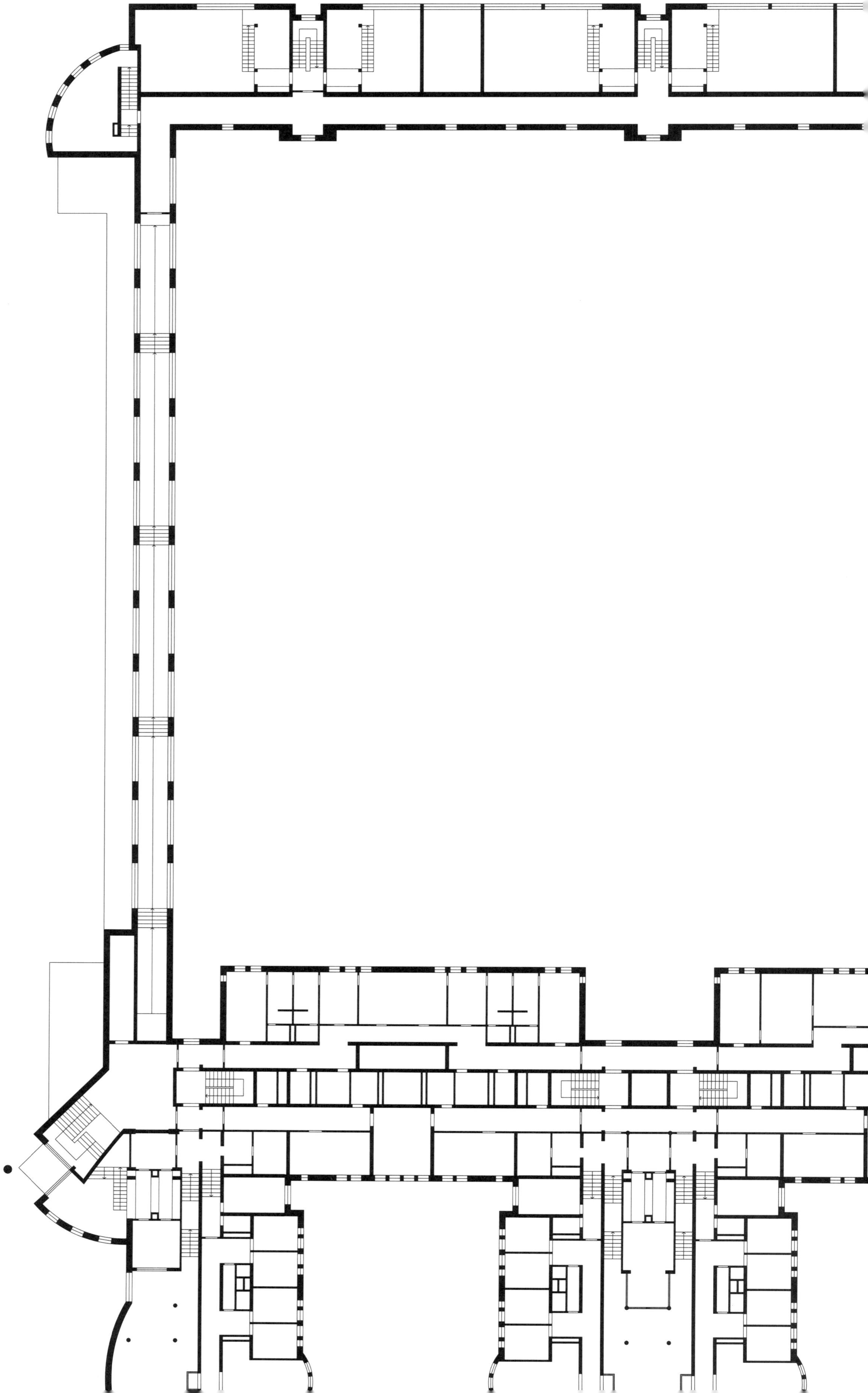

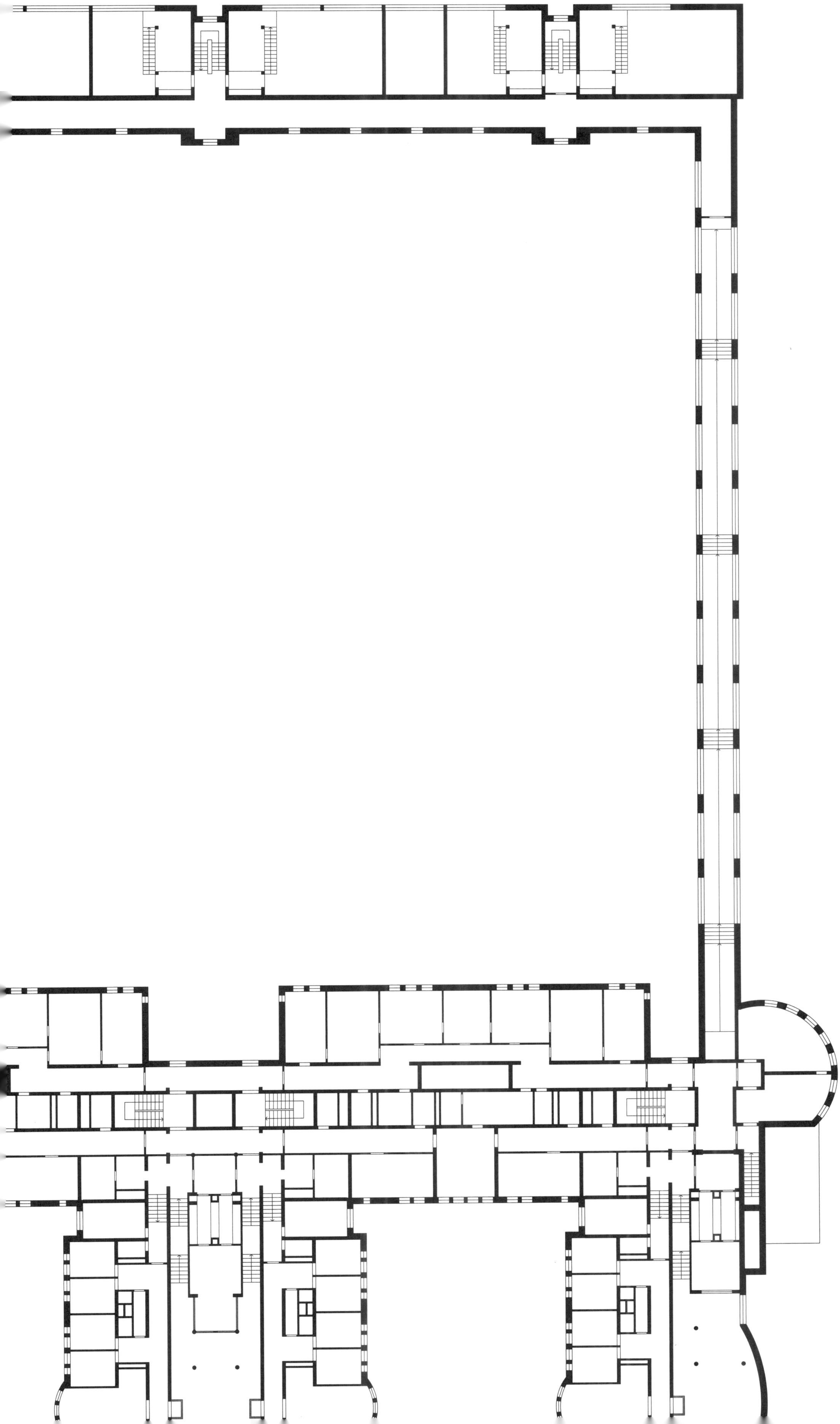

Joachim Ganz und Walter Rolfes

When the architects Joachim Ganz (*1942) and Walter Rolfes (1943–2014) expanded the Karl Bonhoeffer Psychiatric Clinic, it was already a hundred years old. The modern-day Reinickendorf district of Wittenau was still a village in the Mark Brandenburg, the so-called Dallendorf Mental Asylum was built here according to plans by architect Hermann Blankenstein (1829–1910). Blankenstein, who designed more than a hundred public buildings during his long time in office as the head of the municipal planning and building control office, created an orthogonal road network on the 45-hectare grounds, lining up the administrative buildings, commercial constructions, and technical facilities along the broad central axis. On either side of this axis, a total of ten bar-shaped residential buildings for patients form four garden courtyards. In hospital construction, this shape is often referred to as the pavilion system because the spatial arrangement is spread out across several detached buildings. That said, we cannot really call these structures pavilions; rather, they are two to three-story yellow clinker-brick buildings with red-brick plinths and cornices, tall windows in a regular grid, and flat saddle roofs.

During the period from the 1960's through to the 1980's, the clinic received several new buildings designed by architect Gerd Hänska (1927–1996), which are blatantly distinguishable as new additions due to their shape and appearance.

In contrast, Ganz und Rolfes conceived of the new Forensic Psychiatry department as part of the Blankenstein development. They positioned the new build to the northeast of the existing central axis and integrated it into the orthogonal order of the pavilion system. Forensic Psychiatry is a specialized department of the psychiatric clinic which accommodates and treats mentally ill criminal offenders. The goal for this department lay in developing a building along with open spaces that prevented patients from leaving and which, as a whole, met the highest security requirements – a jail-like hospital.

But the architects' ideas and design bear far greater resemblance to a monastery. A garden courtyard measuring 100 by 70 meters forms the core, structurally enclosed on all sides like a monastery garden. The southern part contains wards for the approximately 100 patients – a two-story, pectinate wing with alternating glass-covered halls and open, tree-lined garden courtyards. The northern section houses workshops, while to the east and west, long, narrow connecting corridors with windows form the walls of the courtyard. The six-meter-high walls with wide safety strips, which the competition called for, have become part of the building and its access points, creating a type of cloister.

Just like the old constructions, the buildings are clad with yellow clinker and structured horizontally by rows of red tiles. The windows and large-scale glazing in the halls are secured with special glass; there are no bars. The Forensic Psychiatry department, designated as the Hospital for Involuntary Treatment today, may objectively serve as a prison, but by reinterpreting and reshaping the usual security elements into architectural building sections, the house avoids a hard, rigorous, and hermetical feel and doesn't completely ostracize the patients who live here. The building is integrated into the open structure of the fully landscaped facilities, and the patients enjoy the "outside" to the greatest extent possible.

In 2006, most of the psychiatric clinic's departments moved to different locations in Berlin, and many of the development's buildings are used for other purposes today. The Hospital for Involuntary Treatment remains in the same place. It is now named after Willhelm Sander (1838–1922), a psychiatrist who held the position of Director at the Dalldorf Mental Asylum from 1887 to 1914. ◆

20

Architekt
Architect
Gustav Peichl

Objekt
Object
Phosphateliminierungs-anlage

Ort
Location
Buddestraße 33–35, Reinickendorf

Entwurf
Designed
1980
Fertigstellung
Completed
1985

Der Tegeler See ist der zweitgrößte See Berlins, er ist Trinkwasserreservoir, Badesee und Fischereigewässer. Im Nordosten wird er durch den Tegeler Fließ und den Nordgraben gespeist und im Südwesten trifft er auf die Havel. Die Zuflüsse enthalten sehr nährstoffhaltiges Drainagewasser, was dem See regelmäßig ein schädliches Pflanzenwachstum beschert. Zu seiner Regeneration (und auch der der Havel) ist es nötig, den Nährstoffgehalt der Zuläufe herabzusetzen und ihnen insbesondere Phosphorverbindungen, die in Gewässern wie Düngemittel wirken, zu entziehen. Die Phosphateliminierung als Wasserreinigungsmethode ist in den 1980er-Jahren eine neue Technik und es hätte nahe gelegen, hier durch Ingenieure ein rein technisches Gebäude zu realisieren. Dass für diese neue und ungewöhnliche Bauaufgabe 1980 dennoch ein Architekturwettbewerb ausgelobt wird, ist den Verantwortlichen der Internationalen Bauausstellung (IBA 1987) zu verdanken, die die Anlage zum Teil des Demonstrationsgebiets Tegel erklärten.[1]

Der österreichische Architekt Gustav Peichl (1928–2019) entwirft mit der Phosphatelimierungsanlage ein Gebäude von großer technischer und architektonischer Signifikanz. Gleichzeitig fügt sich die Gesamtanlage in den Maßstab der umgebenden Bebauung ein und leitet zum Tegeler Fließ und Forst über. Und ebenso löst sie uneingeschränkt die komplizierten technisch-funktionalen Anforderungen ein, die nicht nur eine recht raumgreifende Konzeption erfordern, sondern auch unmittelbar die Erscheinung prägen: Da gibt es Einlaufbecken, Flocker und Filter, Grobrechen, Pumpanlagen und Trafostationen.

Der technisch wichtigste Teil der Anlage ist der Filter-Flocker-Trakt, der hier das Mittelbauwerk bildet, ein im Grundriss gleichseitiges Dreieck mit einer Kantenlänge von 50 Metern, das wie ein Wehr größtenteils erd- und rasenüberdeckt ist. Oberirdisch sichtbar sind die drei kreisförmigen Sedimentationsanlagen und der Mischturm im Zentrum. In den Turm wird das verschmutzte und mit Entflockungsmittel versetzte Wasser gepumpt und dann auf die drei radial angeordneten Becken verteilt.

Der Radialform des Mittelbauwerks folgend ist auch das Betriebsgebäude angeordnet, ein schlanker, gut hundert Meter langer Baukörper mit begehbaren Dach- und Aussichtsplattformen, der an der Straße mit der Spitze eines Zwickels niedrig beginnt, bis zu drei Geschosse hoch wird, das wehrhafte Mittelbauwerk durchstößt und in eine gekurvte Wand für die Schaltwarte mit Blick auf den zentralen Mischturm mündet.

Das Nordgrabenbauwerk direkt am gleichnamigen Gewässer dient der Grobreinigung und der Einleitung des Wassers in die Phosphateliminierungsanlage. Westlich davon wird das gereinigte und von Phosphaten befreite Wasser dem Nordgraben wieder zugeführt.

Die gestaffelten Baumassen des Betriebsgebäudes und des Nordgrabenbauwerks sind weiß verputzt, die Details der Fenster, Tore, Türen und Geländer sind in Form und Material so einfach und selbstverständlich wie es die technischen Elemente auch sind.

1 Zum IBA-Demonstrationsgebiet Tegel siehe auch das Kapitel in diesem Buch zur Humboldt-Bibliothek von Charles W. Moore

Notausgang

2
vgl. Gustav Peichl: Phosphat-eliminierungsanlage in Berlin-Tegel in: Bauwelt 76. Jg. 1985, S. 1316

Als das Gebäude fertiggestellt ist und vielfach publiziert wird, erkennen sämtliche Vertreter der Fachpresse in ihm ein Exemplar jenes Dampfers, der in der Architektur seit den 1920er-Jahren als Metapher für technischen und industriellen Fortschritt und ein kommendes Maschinenzeitalter dient – eine Metapher, die so schnell Geschichte geworden ist, wie es Technik regelmäßig auch wird. Gustav Peichl selbst spricht im Zusammenhang mit der Phosphat-eliminierungsanlage von keinem Dampfer und bemüht auch sonst kein Bild. Er schreibt vielmehr, die Form sei das Ergebnis der Auseinandersetzung mit Technik, Funktion und Gestaltung, nicht ihr Ausgangspunkt.[2] ●

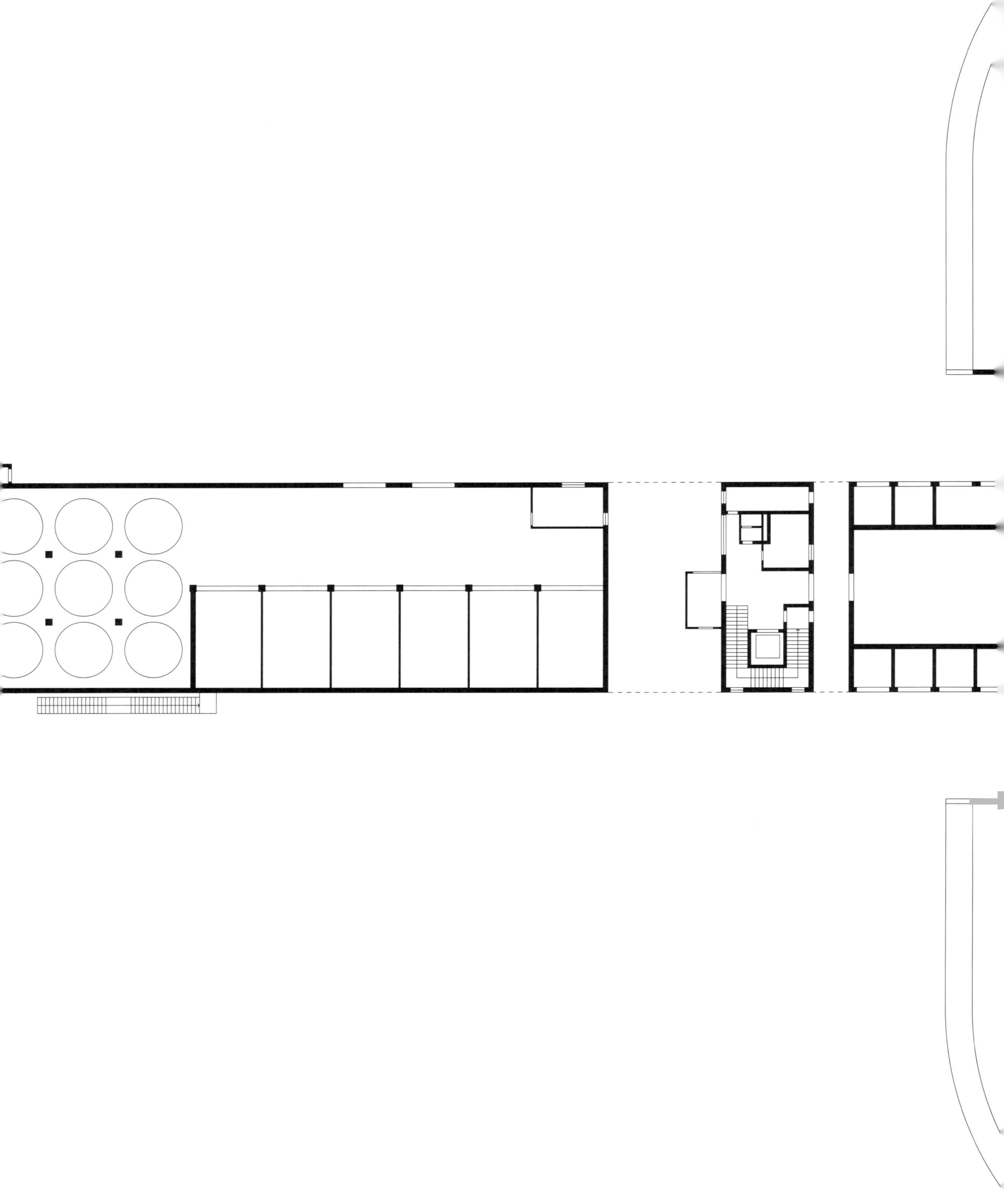

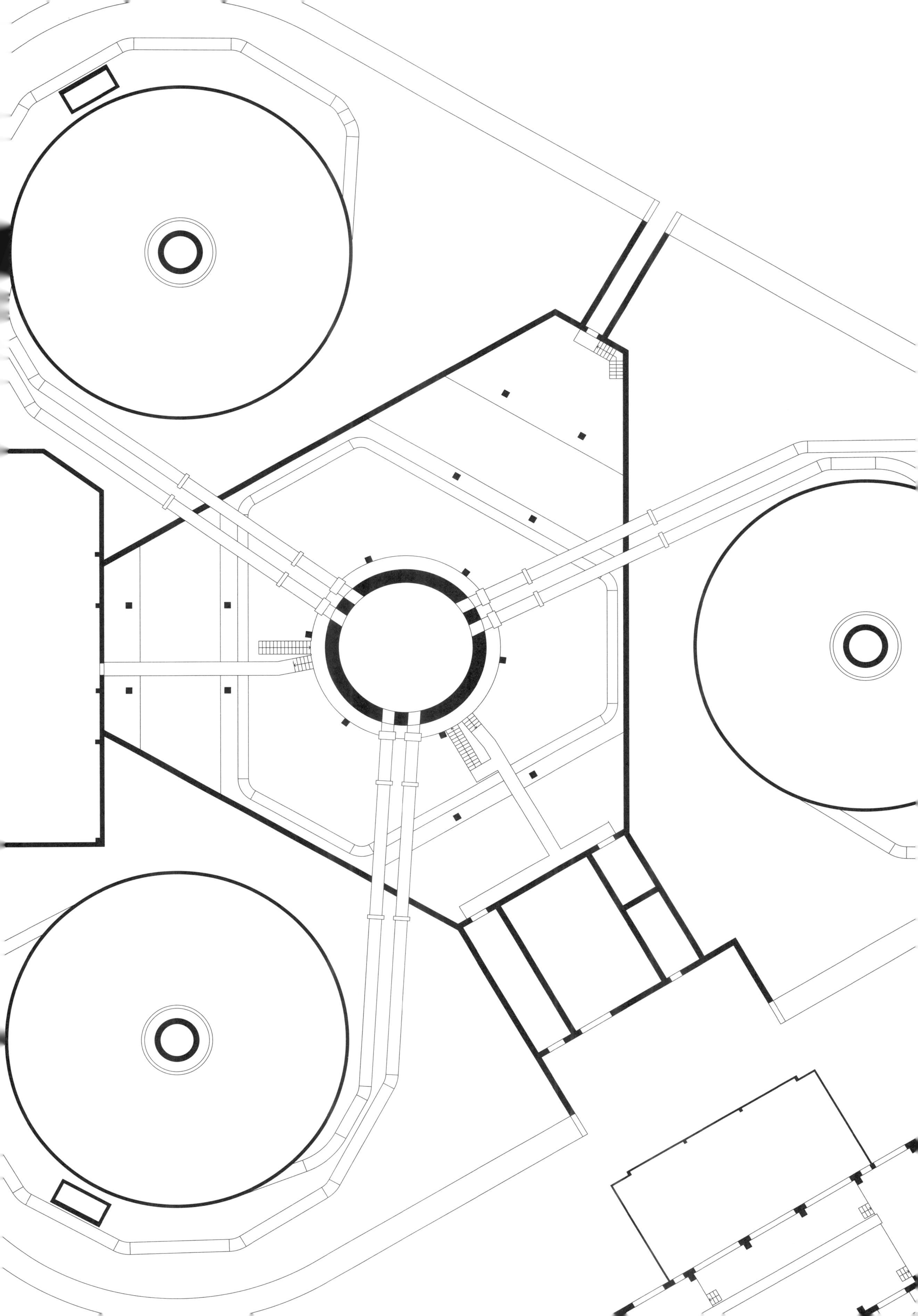

Lake Tegel is the second largest lake in Berlin, serving as a drinking water reservoir, swimming lake, and fishery. In the northeast, the stream Tegeler Fliess and the drainage channel Nordgraben feed into the lake, while in the southwest it meets the river Havel. The inflows contain very nutrient-rich drainage water which regularly leads to harmful plant growth within the lake. Allowing the lake (and also the Havel) to regenerate requires lowering the nutritional content of the tributaries and in particular depriving them of phosphorous compounds, which essentially function like fertilizers in bodies of water. Phosphate elimination represented a new water purification method in the 1980's, and it would have made sense to have engineers create a purely technical facility for this purpose. But thanks to the responsible parties at the International Architecture Exhibition (IBA 1987) – who declared the structure to be part of the Tegel demonstration area – this new and unusual construction task was offered up as a prize in an architectural competition in 1980.[1]

With the phosphate elimination facility, the Austrian architect Gustav Peichl (1928–2019) designed a highly significant building in terms of technology and architecture. At the same time, the overall facility blends into the dimensions of the surrounding developments and transitions into the Tegeler Fliess and Forst. It also fully meets the complicated technical and functional demands that not only require a rather expansive concept, but also directly shape the appearance: After all, it includes intake basins, flocculators, filters, coarse screens, pumping stations, and substations.

On a technical level, the facility's most important component is the filter-flocculator tract, which makes up the central structure. This tract, the layout of which forms an equilateral triangle with an edge length of 50 meters, is largely earth and grass-covered, like a weir. Aboveground, the three circular sedimentation plants and the mixing tower in the center are visible. The dirty water, to which deflocculator has been added, is pumped into the tower and then distributed to the three radially arranged basins.

The operating building follows the example of the central structure and takes on a similar radial shape. The slim, 100-meter-long construction with accessible roof and viewing platforms has a low elevation at the street side with the tip of a spandrel, rises up three stories, pierces the fortified central structure, and culminates in a curved wall for the control room with a view of the central mixing tower.

The Nordgraben building, which lies directly on the eponymous body of water, serves the purpose of preliminary cleaning and discharging the water into the phosphate elimination facility. To the west, the water – now cleaned and free of phosphates – is guided back to the Nordgraben.

The staggered volumes of the operating building and the Nordgraben structures are plastered in white; the details of the windows, gates, doors, and railings are as simple and natural in their shape and material as the technical elements themselves.

After completion of and plenty of publicity for the building, all representatives of the trade press recognized the structure as an example of the steamboat that has served as a metaphor for technical and industrial progress and a forthcoming machine age in architecture since the 1920's – a metaphor that was consigned to history as quickly as technology regularly is as well. However, Gustav Peichl himself doesn't link the phosphate elimination facility to any kind of steamboat, nor does he attempt to conjure up any other image. Moreover, he describes the shape as the result of an examination of technology, function, and design, not as its starting point.[2] ◆

1
For more information on the IBA Tegel demonstration area, you can also refer to this book's chapter on the Humboldt library by Charles W. Moore.

2
See also: Gustav Peichl: Phosphateliminierungsanlage in Berlin-Tegel in: Bauwelt 76th ed. 1985, p. 1316

21

Architekt
Architect
Charles W. Moore

Objekt
Object
Bibliothek

Ort
Location
Karolinenstraße 19, Reinickendorf

Entwurf
Designed
1981

Fertigstellung
Completed
1989

In Tegel, dem nordwestlichen Randbezirk West-Berlins sollte durch die IBA der funktionslos gewordene Hafen städtebaulich und architektonisch neu geordnet werden – durch Wohnhäuser und Einrichtungen für Kultur und Freizeit. Den Wettbewerb hierfür gewann 1981 das amerikanische Büro von Charles W. Moore, John Ruble und Buzz Yudell mit einem Entwurf, der den verschiedenen Funktionen verschiedene Gebäudeformen zuwies und die Wasserflächen zum verbindenden Element machte, einschließlich einer künstlichen Insel. Charles W. Moore (1925–1993) entwarf mit seinen Partnern die Bibliothek sowie die dominierende Wohnbebauung: einen achteckigen Hof aus vier bis zu achtgeschossigen Häusern und vier Toren sowie sieben weiteren im Halbkreis stehenden Häusern dahinter. Diese Figur beherbergt die Hälfte der rund 350 Wohnungen, die am Tegeler Hafen bis 1987 insgesamt entstanden. Außerdem entwarf Moore eines der sechs wie Villen dimensionierten Wohnhäuser entlang der Straße Am Tegeler Hafen.

Abgesehen von der Bibliothek entstanden am Tegeler Hafen die weiteren Gebäude für Kultur- und Freizeiteinrichtungen nicht. Auch die Insel blieb lange unbebaut. Die Lücken sind inzwischen durch Wohnhäuser gefüllt, die weder die städtebauliche noch die architektonische Idee der Verfasser des Gesamtplans einlösen.

Die Bibliothek ist ein schlanker 90 Meter langer zweigeschossiger Baukörper mit signifikanter Dachform. Ein flaches Pultdach trifft hier entlang der Mittelachse auf ein einseitig ansetzendes halbes Tonnendach, ein knappes Viertelkreissegment, allerdings unterhalb von dessen Scheitelpunkt, sodass eine Art durchlaufendes Sheddach Richtung Süden entsteht. Der Innenraum ist durch zwei Stützenreihen in drei Schiffe gegliedert und von Giebelseite zu Giebelseite und über beide Geschosse zusammenhängend und offen. Das Seitenschiff im Süden ist als lange gekurvte Bücherwand ausgebildet, deren obere Ebene über eine offene Galerie erreicht wird, das nördliche Seitenschiff ist durch eingeschossige Regale und Lesenischen gegliedert. Das Mittelschiff wird von einer Halbtonne überwölbt, einer leichten, teils offen abgehängten, teils auf den Stützen aufsitzenden Holzkonstruktion.

Eigenwillig und die Ordnung des klaren Baukörpers negierend ist der Eingang an der langen Südfassade platziert. Moore entwirft einen quadratischen Vorplatz mit Treppenanlagen, Rampe und mächtigem freistehendem Portal, der in sich orthogonal, in seiner Gesamtheit aber zur Ausrichtung der Bibliothek um einige Grad verschoben ist. Dahinter wird die durch Pilaster, hohe schmale Fenster und ein Gesims regelmäßig und ruhig gegliederte Fassade durch eine eingestülpte große Glasfläche unterbrochen, der ebenfalls ein Portal frei vorgestellt ist – ein kleineres. Die zueinander verschobenen, eine bühenbildhafte räumliche Perspektive andeutenden Portale machen aus dem Platz und dem Eingang eine für jedermann verständliche Geste des Willkommens. Gleichzeitig wirken die hintereinander geschobenen Kulissen-Portale wie eine knappe Fassung von Charles W. Moores Piazza d'Italia im amerikanischen New Orleans aus dem Jahr 1978.

HUMBOLDT - BIBLIOTHEK

HUMBOLDT
BIBLIOTHEK

Die Bibliothek löst mit der Dreischiffigkeit der Halle und dem Tonnendach Erinnerungen an Sakralbauten aus und mit dem Shed, den Eisensäulen und der Stahlträger-Fachwerkkonstruktion an Industriebauten, die es am Tegeler Hafen vorher tatsächlich gegeben hat. Moore schafft dadurch, dass er durch dieses „Anschauungsmaterial" Erinnerungen evoziert und den Menschen eine Verbindunge spüren lässt zum Ort und seiner Geschichte, zu Raum und Zeit, einprägsame Orte.

Namensgeber der Bibliothek sind die Brüder Alexander (1769–1859) und Wilhelm (1767–1835) von Humboldt, die im nahen Gut und Schloss Tegel, dem Sitz der Familie, aufgewachsen sind. Seine heutige Gestalt erhielt das Schloss 1824 durch einen Umbau von Karl Friedrich Schinkel (1781–1841), den Wilhelm von Humboldt veranlasste, nachdem er die Anlage übernommen hatte. ●

In Tegel, a district on the northwestern outskirts of West Berlin, the IBA had planned to restructure the now disused harbor with a view to urban growth and architecture - by enhancing it with residential buildings as well as cultural and leisure facilities. The American architectural office run by Charles W. Moore, John Ruble, and Buzz Yudell won the competition for this project in 1981 with a design that allocated different functions to the various building shapes and turned the water surfaces into a connecting element, including an artificial island. Together with his partners, Charles W. Moore (1925–1993) designed the library as well as the dominating residential development: an octagonal courtyard consisting of four to eight-story buildings and four gates, as well as seven additional houses positioned behind it in a semi-circle. This figure houses half of the 350 apartments in total that were created on the Tegel harbor up until 1987. On top of this, Moore designed one of the six residential buildings with the dimensions of villas along Strasse Am Tegeler Hafen.

Aside from the library, none of the other buildings for cultural and leisure facilities came to fruition at the Tegel harbor. The island also remained undeveloped for a long time. In the meantime, the gaps have been filled with residential buildings that neither honor the urban development nor the architectural idea proposed by the creators of the overall plan.

The library is a slim, 90-meter-long two-story structure with a striking roof shape. Along the central axis, a flat pent roof encounters a half barrel roof starting on one side, approximately a quarter-circle segment, but below its vertex, creating a type of continuous saw-tooth roof towards the south. The interior is divided into three aisles by two rows of supports. It remains open from one gable end to the other and continuously across both stories. The side aisle in the south is formed as a long, curved book of walls, the top level of which is accessible via an open gallery, while the northern side aisle is structured through single-story shelves and reading nooks. The middle aisle is vaulted by a semi-barrel, a light timber construction which is in part openly suspended and in part sitting on pillars.

Idiosyncratically, and in a way that negates the order of the clear structure, the entrance is situated by the long southern facade. Moore has designed a square forecourt with staircases, a ramp, and a massive free-standing portal which is orthogonal, but as a whole shifted by a few degrees in its alignment with the library. Behind it, the facade - which features a regular and discreet structure through pilasters, high and narrow windows, and a cornice - is interrupted by a large, enclosed glass surface, in front of which also stands a free-standing portal - a smaller one. The portals, which face each other and suggest a stage-like spatial perspective, turn the square and the entrance into welcome gesture that anyone can understand. At the same time, the scenery portals that are lined up one behind the other give the impression of a brief version of Charles W. Moore's Piazza d'Italia in the US city of New Orleans from 1978.

With the three aisles of its hall and the barrel roof, the library stirs up memories of sacred buildings, while the saw-tooth roof, the iron pillars, and the half-timbered construction with steel girders resembles the industrial buil-

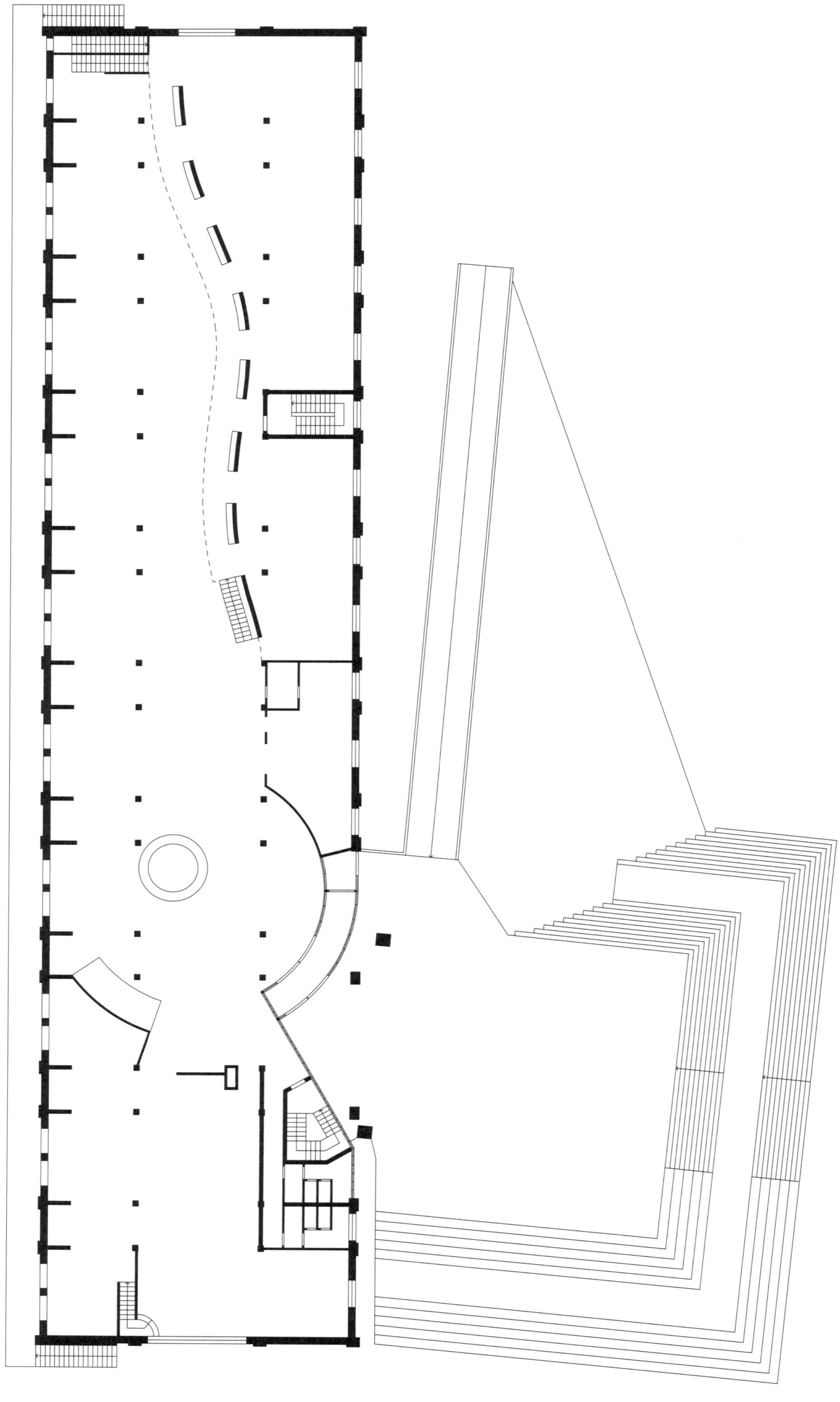

dings that had actually existed in the past at the Tegel harbor. Moore hereby succeeds in evoking memories with this "illustrative material" and allowing people to sense the connection to the place and its history, to time and space, memorable sites.

The brothers Alexander (1769–1859) and Wilhelm (1767–1835) von Humboldt are the namesakes of the library. They grew up in the nearby Tegel castle and estate, the family's residence. The castle adopted its current design in 1824 thanks to a reconstruction by Karl Friedrich Schinkel (1781–1841), commissioned by Wilhelm von Humboldt after he took over the estate. ◆

22

Architekt
Architect
Ludwig Leo

Objekt
Object
Zentrale der Deutschen Lebensrettungs-Gesellschaft

Ort
Location
Am Pichelsee 20–25, Spandau

Entwurf
Designed
1967

Fertigstellung
Completed
1971

Wie ein technisch-mechanisches Gerät in einem architektonischen Gehäuse steht die Zentrale der Deutschen Lebensrettungs-Gesellschaft (DLRG) am östlichen Ufer der Scharfen Lanke. Der zehn Meter breite und 30 Meter hohe Baukörper hat die Form eines Keils mit einem Neigungswinkel von 45 Grad. Der Hochpunkt im Osten wird durch einen Funkmast noch überhöht, der Tiefpunkt im Westen berührt das Wasser. In die schräge Fläche ist das gestaltgebende technische Element des Gebäudes integriert: ein Sliplift zum Transport von Rettungsbooten. Die Anlage wird ins Wasser abgesenkt, ein Boot darauf befestigt und an der Fassade hochgefahren zu einem der über- und hintereinander gestapelten Winterlager, in das es dann hineingezogen wird. Hier an der Wasserseite ist das Haus eine Maschine und sieht auch so aus: weiß lackierte Stahlschienen, -rohre und -seile, Leitern, bewegliche Klappen, verschiebbare Tore.

Ganz anders ist die Erscheinung des Baukörpers landseitig an der Straße, wo er hoch und streng aufragt, mit nur wenigen und durchweg kleinen Fensteröffnungen. Der Eingang ist im Schatten eines tiefen Einschnitts verborgen, an den beiden Flanken hängen zwei verkleidete Treppenläufe, als wäre es versäumt worden, sie ins Gebäudevolumen zu integrieren.

Das Gebäude dient nicht nur der Lagerung der rund 80 Rettungsboote, es beherbergt darüber hinaus auf den insgesamt zehn Decks Werkstätten, Schulungsräume, Schlafräume, eine Küche, Büros, eine Hausmeisterwohnung und eine Tiefenrauschsimulationsanlage, den sogenannten Tauchturm. In dieser zwölf Meter hohen Stahlröhre mit Druckkammer können Tauchgänge von sehr großer Tiefe simuliert werden.

Die räumliche und funktionale Dichte im Inneren ist organisiert und bewältigt, als wäre ein Bootsbauer am Werk gewesen. Die Räume sind so knapp bemessen wie irgend möglich, haben maßgeschneiderte feste Einbauten, klappbar, veränderbar, darauf angelegt, das Raumvolumen optimal und hier und da auch zweifach zu nutzen. Wenn im Sommer die Boote auf dem Wasser und nicht in den Docks sind, können die Lagerflächen den dahinter liegenden Räumen zugeschlagen werden.

Dem Architekten Ludwig Leo (1924–2012), der hier auch als Ingenieur und Erfinder gefordert war, ging es in der so stringenten und sorgfältigen Arbeit an der Form nicht um das Bild, das – ungewollt oder nicht und trotz des Bricolage-Charakters – ein sehr starkes ist und verblüffend neu. Ihm ging es vielmehr darum, durch die räumliche Enge und den Entwurf aller Gegenstände und Elemente bis ins kleinste Detail ein soziales und zugewandtes Miteinander zu befördern. Seine Entwurfszeichnungen sind nie nur technische Zeichnungen; in die in Grundrissen und Schnitten dargestellten Räume, egal in welchem Maßstab, sind immer auch die Menschen skizziert, auf die die ganze Arbeit zielt.

DLRG

Vielleicht ist es überflüssig zu erwähnen, dass der dem Gebäude die spektakuläre Form gebende Vorgang, das Hinaufziehen der Rettungsboote mithilfe der Slipanlage, nur einige Jahre lang praktiziert wurde. Die DLRG nutzte bald schon größere Boote, die in die maßgezimmerten Luken nicht mehr passten. So hat man den Aufzug still gelegt, die Klappen durch Fenster ersetzt und für die Boote einen anderen Ort zum Überwintern gefunden. Der schnellen Progression von Technik kann die Architektur immerhin etwas entgegensetzen: die Ausdruckskraft und Prägnanz einer archetypischen Form. ●

The head office of the German Life Saving Association stands in an architectural casing like a technical and mechanical device on the eastern banks of the Scharfe Lanke. The ten-meter-wide and 30-meter-high structure is shaped like a wedge with a 45-degree angle of inclination. Its peak in the east is superelevated by a radio mast, while its lowest point in the west touches the water. The technical element which gives the building its shape is integrated into its slanted surface: a shiplift for transporting rescue boats. The system is lowered into the water, where a boat is attached to it and then lifted up along the facade and pulled into one of the winter storage units that are stacked on top of and lined up behind one another. Here, on the waterside, the house is a machine – and looks like one too: white lacquered steel rails, pipes, and ropes, ladders, movable flaps, sliding gates.

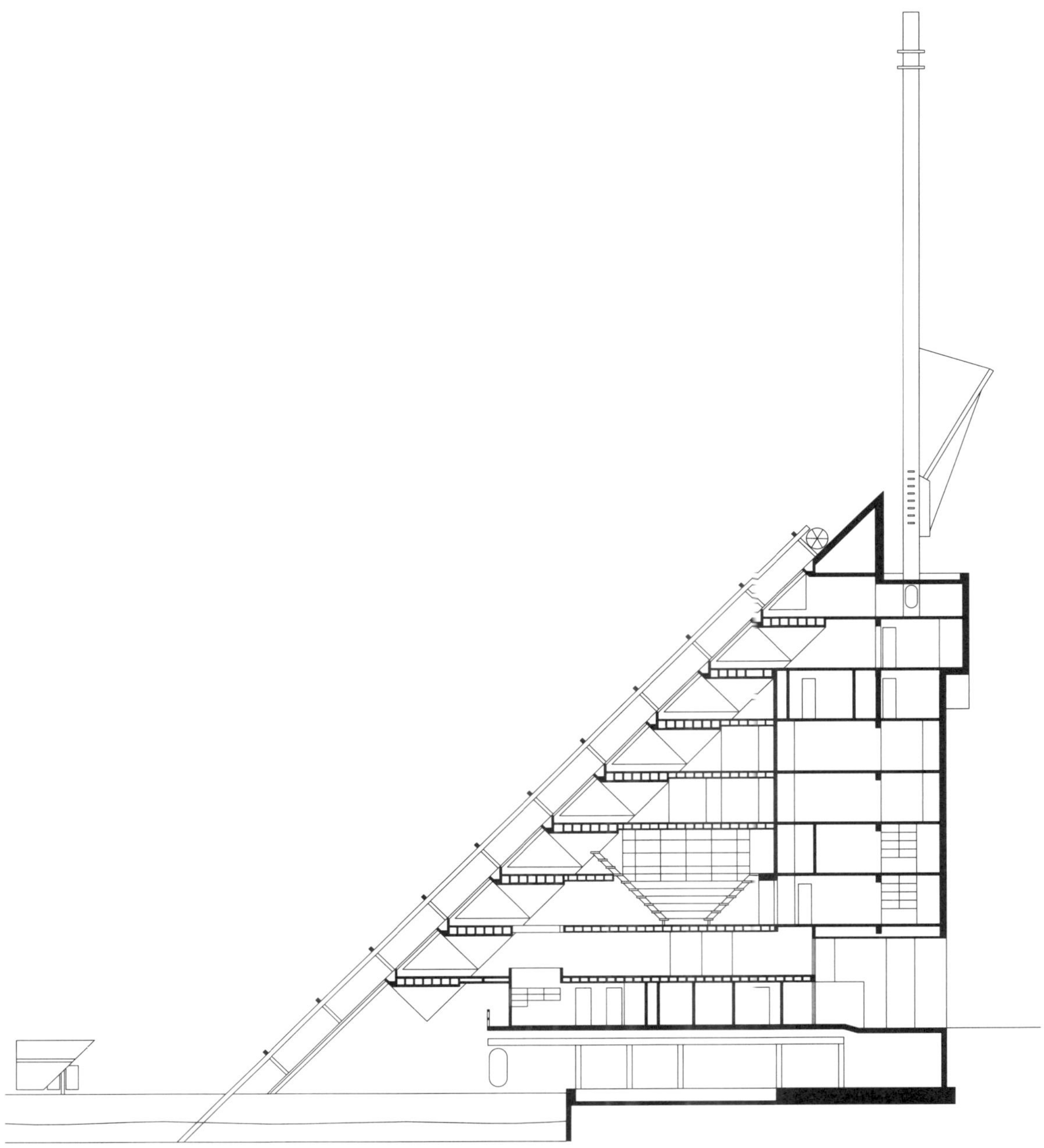

DLRG

This significantly contrasts the structure's appearance when viewed from the street. From this side, it austerely rises into the sky, with just a few and consistently small window openings. The entrance lies hidden in the shadows of a deep recess, two clad flights of stairs hang from both sides, as if the designers had forgotten to integrate them into the building volume.

The building doesn't just serve the purpose of storing the approximately 80 rescue boats, it also houses workshops, training rooms, dormitories, a kitchen, offices, a caretaker's apartment, and a diving facility, the so-called diving tower, spread across a total of ten decks. This 12-meter-high steel pipe with a pressure chamber can simulate dives to a great depth. Given the way the spatial and functional density inside is organized and implemented, one could assume it to be the work of shipbuilders. The rooms are as small as possible, feature custom permanent fixtures, foldable, changeable, designed to use the spatial volume to the best extent possible, occasionally even with a dual function. In the summer, when the boats are on the water and not in the docks, the storage spaces can be added to the rooms behind them.

In his rigorous and thorough work regarding the shape, architect Ludwig Leo (1924–2012), who also had to adopt the roles of engineer and inventor for this task, wasn't primarily focusing on the image as a whole, which – whether or not unintended and despite the bricolage touch – was very striking and astonishingly new. Moreover, he aimed to promote social and inward-facing togetherness by restricting the space and designing all objects and elements down to the last detail. His drafts are only technical drawings; but in the rooms on the layout and in the sectional views, no matter the scale, he has also sketched the people all of this work is for.

It might be superfluous to mention that the procedure that gives the building its spectacular shape – lifting the rescue boats with the shiplift – was only in use for a few years. The German Life Saving Association soon switched to bigger boats that didn't always fit into the custom designed portholes. Consequently, the elevator was decommissioned, the flaps were replaced by windows, and a new spot was found for the boats to spend the winters. At least architecture can still counter the fast progression of technology in some ways: with the expressiveness and distinctiveness of an archetypal form. ◆

23

Architekt
Architect
Gerd und Magdalena Hänska

Objekt
Object
Tierlaboratorien der Freien Universität Berlin

(später Forschungseinrichtung für experimentelle Medizin der Charité)

Ort
Location
Krahmerstraße 6–12, Steglitz-Zehlendorf

Entwurf
Designed
1967

Fertigstellung
Completed
1982

Wie könnte ein Gebäude aussehen, in dem „versuchstierkundliche" Grundlagenforschung betrieben wird, ein Gebäude, in dem Tiere gezüchtet werden, sehr viele, und in dem an diesen Tieren Versuche und Experimente durchgeführt werden?

Womöglich hatten die Architekten Gerd (1927–1996) und Magdalena Hänska Bilder der von der britischen Architektengruppe Archigram erfundenen Walking City-Maschinen vor Augen, als sie das Gebäude für die Tierlaboratorien der Freien Universität entwarfen. Allerdings keine Maschine, die sich nomadisierend, heiter und gelassen durch die Landschaft bewegt,[1] sondern eine, die betonschwer, tief geerdet und dauerhaft zur Ruhe gesetzt ist.

Das Gebäude hat eine Grundfläche von 37 mal 117 Metern, ist also mehr als drei Mal so lang wie breit und 23 Meter hoch. Die Außenwände der über hundert Meter langen Flanken sind geböscht, sodass der Querschnitt einem Pyramidenstumpf ähnelt, auf dessen Dachplateau sich hier allerhand Technikaufbauten türmen. Die Eingangsfront zur Krahmerstraße ist gestaffelt und ebenfalls geböscht, die Zugänge sind hinter Rampen und Plateaus verborgen.

Der innere Aufbau ist vor allem anderen an den hohen technischen Anforderungen an Hygiene, Desinfektion, Luftdruck, Luftwechsel und Luftreinhaltung orientiert. Die beiden Sauberkeitsbereiche – die dienenden der Technik und die bedienten der Tierversorgung und der Experimente – sind in wechselnden Geschossen denkbar strikt voneinander getrennt und jeweils unabhängig erschlossen. In den vier Hauptgeschossen sind die Experimentier- und Arbeitsräume entlang der Außenwände aufgereiht und innenliegend, in der tiefen dunklen Mittelzone die Räume für die Tiere. Die Raumstruktur, im Grunde eine Megastruktur mit Zellen, folgt rigoros dem engen Achsraster, das von außen in den vorgefertigten Sichtbetonplatten ablesbar ist. Die wechselnde horizontale Schichtung ist ebenfalls von außen ablesbar: weit auskragende blau lackierte Luftansaugrohre verweisen auf die Technikgeschosse und tetraederförmig hervortretende Betonelemente mit nach Norden gerichteten Fensterflächen kennzeichnen die Arbeitsräume der Hauptgeschosse.

In seiner äußeren Erscheinung macht das Gebäude keinen Hehl daraus, dass alles, was in seinem Inneren passiert – das Züchten und Halten von und Experimentieren mit Versuchstieren – hermetisch abgeschirmt gehört. Dennoch ist die schwere Fassade aus Sichtbetonfertigteilen keine, die das strikt organisierte Innere lediglich verhüllt. Ganz im Gegenteil könnte die skulpturale Großform der Zentralen Tierlaboratorien kaum anspielungsreicher und zeichenhafter sein. Nicht nur die Utopien von Archigram werden hier evoziert, auch die Bilder von gepanzerten Großkampfschiffen und Zerstörern. Aber der nur wenige Meter entfernt parallel verlaufende Teltowkanal wird ignoriert; die Maschine demonstriert

1
Walking City ist ein utopisches Projekt der britischen Gruppe Archigram und entstand 1964.

2
Die Fotocollage Aircraft Carrier City in Landscape von Hans Hollein aus dem Jahr 1964 ist Teil einer Serie von Bildern, die zwischen 1963 und 1968 unter der Überschrift Transformations entstanden.

lagernde Schwere und Erdverbundenheit. Ganz ähnlich hatte Hans Hollein Mitte der 1960er-Jahre in einer Reihe von Bildcollagen technische Objekte in Landschaften montiert und zu urbanen Megastrukturen umgedeutet – eine ganze Stadt in einem Flugzeugträger, mitten in der Wüste.[2]

Die Zentralen Tierlaboratorien stehen an der Krahmerstraße dem 1974 fertiggestellten, von Hermann Fehling (1909–1996) und Daniel Gogel (1927–1997) entworfenen Institut für Hygiene und Mikrobiologie gegenüber. Die beiden fast gleichzeitig entworfenen, in Sichtbeton konstruierten und durch einen Tunnel verbundenen Gebäude könnten in ihrer Form kaum unterschiedlicher sein: vielgliedrig und raumbildend das eine, von geschlossener hermetischer Form das andere. Dass die Tierlaboratorien erst 1982 fertig gestellt werden, hat mit zwischenzeitlichen Baustopps und Überarbeitungen zu tun. Eine geplante Verlängerung in gleicher Bauart und Struktur in Richtung Südosten für die Institute für Pharmakologie und Gerichtsmedizin blieb aus; die provisorisch wirkende Stirnseite mit heraustretenden Flurschächten spricht bis heute davon. Seit 2003 gehört das gern als Mäusebunker bezeichnete Gebäude zur Charité und heißt Forschungseinrichtung für experimentelle Medizin. 2019 wird es geschlossen; die Charité verlegt die Bereiche Tierzucht und Tierversuche in einen Neubau in Berlin-Buch. Während die Charité den Abriss beantragt hat, erwägt das Landesdenkmalamt die Unterschutzstellung. Zurzeit werden neue Nutzungskonzepte für das Gebäude entwickelt, die seinen Erhalt ermöglichen. ●

What could a building look like in which fundamental research on "laboratory animal science" takes place? A building used for breeding animals – lots of them – and in which these animals are then subject to tests and experiments?

Perhaps architects Gerd (1927–1996) and Magdalena Hänska were picturing the Walking City machines invented by the British architectural group Archigram when they designed the building for the Free University's animal laboratories. But instead of a machine that moves around in a nomadic, cheerful, and relaxed manner,[1] the end result is heavy as concrete, firmly grounded, and permanently resting in one place.

1
Walking City is a utopian project developed by the British Archigram group in 1964.

The building's base area measures 37 by 117 meters – making it three times as long as it is wide – and reaches a height of 23 meters. The outer walls of the more than 100-meter-long sides are sloped, giving the cross-section the appearance of a pyramid stub, the plateaued roof of which features all kinds of towers in the form of technical constructions. The entrance front facing Krahmerstrasse is stepped and also sloped, with access points hidden behind ramps and plateaus.

The design of the interior is primarily founded on the high technical requirements in terms of hygiene, disinfection, air pressure, air exchange, and air pollution control. The two areas of cleanliness – those serving technology and those used to care for animals and to conduct experiments – are, for understandable reasons, kept strictly separate on alternating floors and provide different entry points. On the four main floors, the experimental spaces and offices are lined up along the outer wall, while on the inner side, in the depths of the dark middle zone, lie the rooms for animals. The spatial structure – essentially a mega-structure with cells – rigorously follows the narrow axis grid that can only be discerned from the outside through the prefabricated exposed-concrete panels: Widely overhanging, blue lacquered air intake pipes point to the technology floors, and tetrahedron-shaped, protruding concrete elements with north-facing window areas mark the offices on the main floors.

In its outer appearance, the building makes no secret of the fact that everything going on inside – breeding, keeping, and experimenting on laboratory animals – should be hermetically shielded. Still, the heavy facade made of exposed-concrete prefabricated parts doesn't merely conceal the stringently organized interior. On the contrary, the large sculptural form of the central animal laboratories could hardly be more allusive and emblematic. It doesn't only evoke the utopias developed by Archigram, but also the pictures of armored capital ships and destroyers. But it ignores the Teltow Canal, which runs parallel just a few meters away; the machine displays embedded heaviness and groundedness. In a similar vein, Hans Hollein had mounted a series of picture collages featuring technical objects in landscapes in the mid-1960's and reinterpreted them into urban megastructures – an entire city in an aircraft carrier, in the middle of the desert.[2]

The central animal laboratories are located on Krahmerstrasse, across the road from the Institute of Hygiene and Microbiology, designed by Hermann Fehling (1909–1996) and Daniel Gogel (1927–1997) and completed in 1974. The two buildings – designed at nearly the same time, both constructed with exposed concrete and connected by a tunnel – could hardly be more different in their shape: one multipartite and space-shaping, the other with an enclosed, hermetic form. The animal laboratory wasn't completed until 1982, which was largely due to intermittent pauses in construction and revisions. A planned extension for the Institutes of Pharmacology and Forensic Medicine, facing southeast and designed with the same building type and structure, failed to materialize; the gable side, with its provisional appearance that includes protruding corridor shafts, still serves as a reminder of these plans today. As of 2003, the building often dubbed the mouse bunker belongs to the Charité and is called the Research Institute for Experimental Medicine. It closed in 2019; the Charité moved the divisions of animal breeding and animal testing to a new build in Berlin-Buch. While the Charité has applied for demolition, the Berlin Monument Authority is considering giving the building protection status. At the moment, new usage concepts are being developed to enable its preservation. ◆

2 The photo collage Aircraft Carrier City in Landscape by Hans Hollein from the year 1964 forms part of a series of pictures that were created between 1963 and 1968 under the title of Transformations.

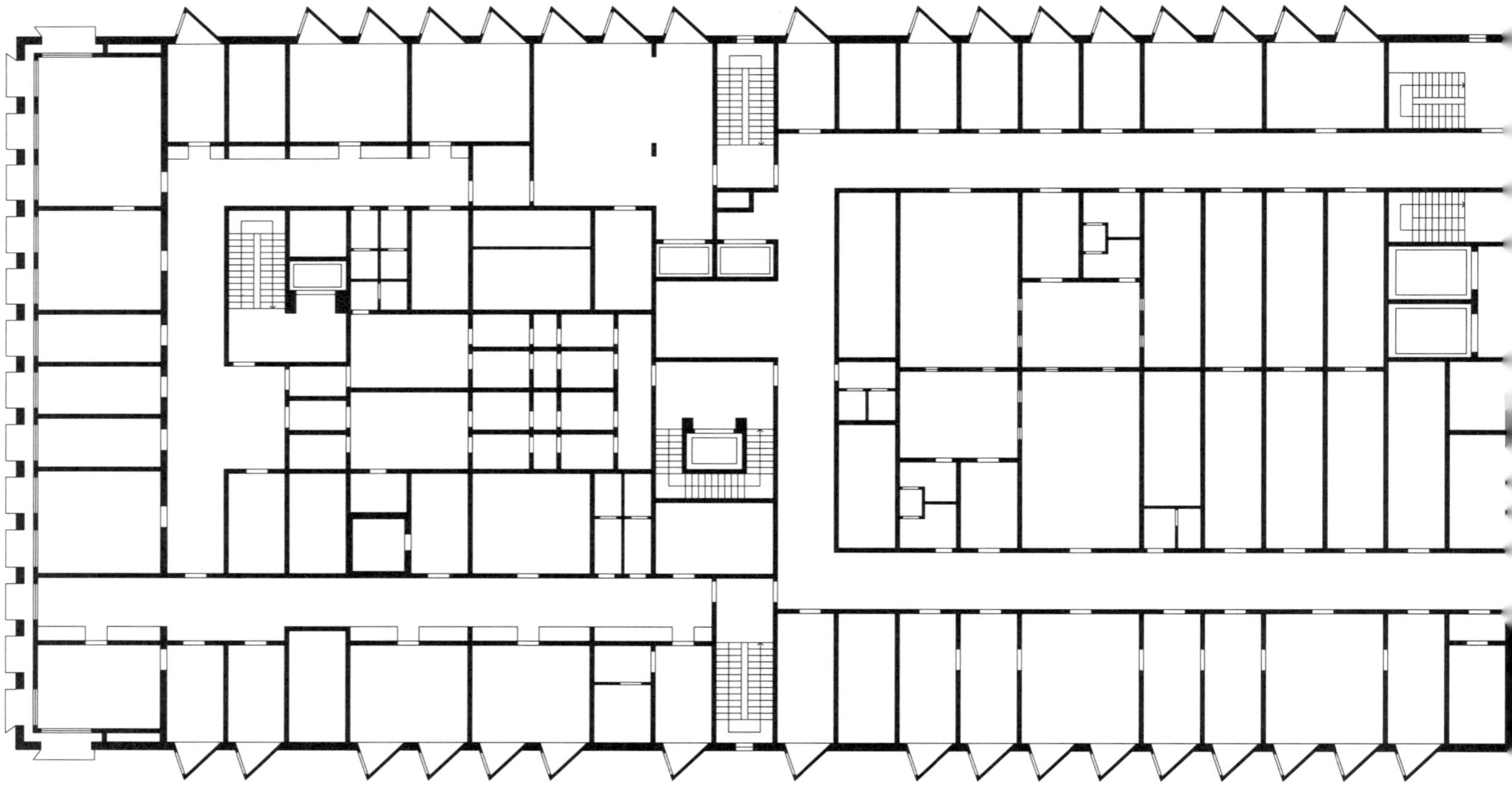

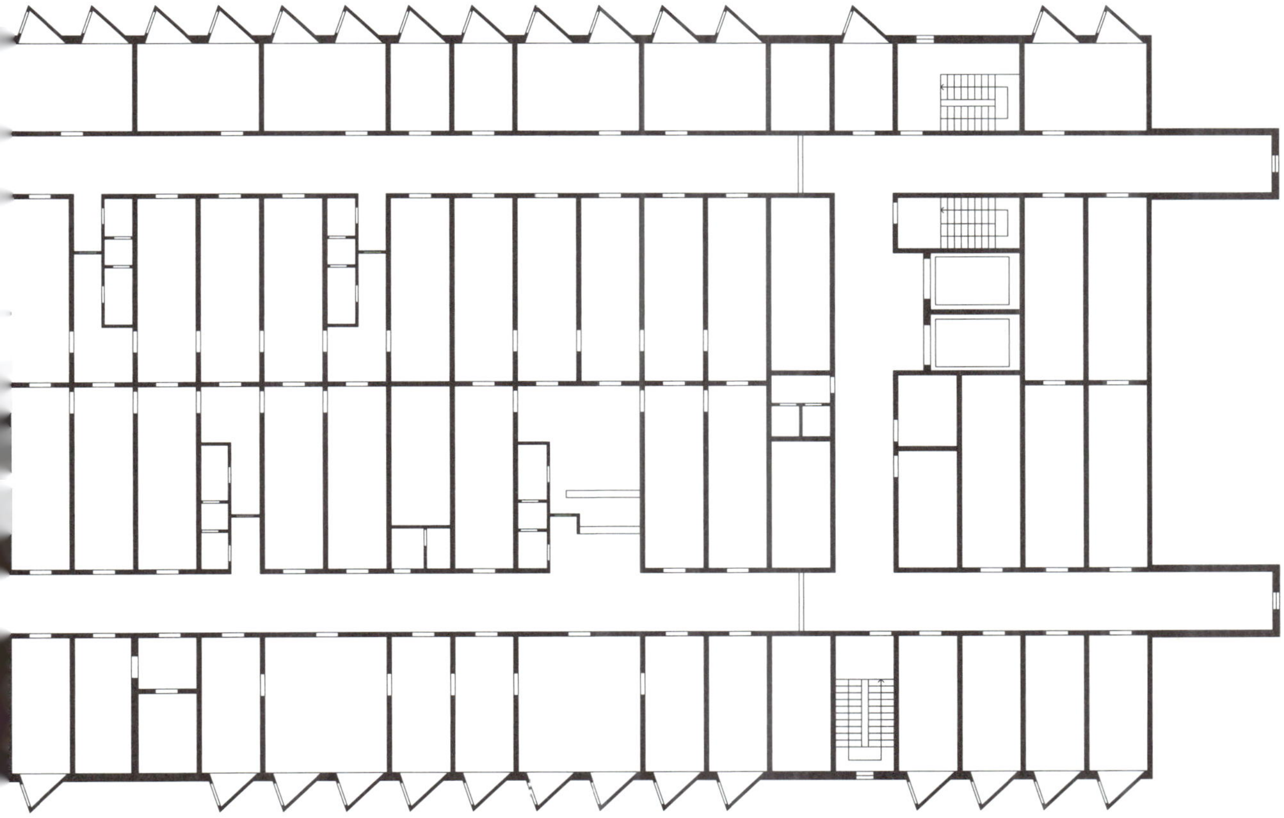

24

Architekt
Architect

Karl-Heinz Steinebach, Friedrich Weber

Objekt
Object

Kapelle

Ort
Location

Altvaterstraße 8–9, Steglitz-Zehlendorf

Fertigstellung
Completed

1989

In kaum einer anderen Gebäudetypologie ist die tradierte Konvention ein so geschätzter Ratgeber wie bei Kirchen und Kapellen. Halt gewinnen in der Welt heißt Halt finden im Raum, heißt Klarheit, Ordnung, Geometrie und Symmetrie. Die Kapelle des Altenheims St. Theresienstift, das von den Schwestern von der heiligen Elisabeth, einem katholischen Frauenorden, betrieben wird, ist ein Zentralbau auf kreuzförmigem Grundriss und hat hierin in der Architekturgeschichte einige Vorgängerinnen. Dass sie nicht in Ost-West-Ausrichtung steht, hat mit ihrer Verbundenheit zu der teilweise schon etwas älteren Anlage zu tun, zu der sie eine bauliche Ergänzung bildet. Die Architekten der Kapelle, Karl-Heinz Steinebach (*1942) und Friedrich Weber (*1941), erweitern auf dem großen parkähnlichen Grundstück des Ordens einen bestehenden Altbau durch zwei Gebäudeflügel zu einer U-förmigen Anlage und bilden den Hof als Garten mit Kreuzgang aus, der an der offenen Seite im Südosten seinen Zugang hat. Der verbindende Flügel im Nordwesten ist eine gläserne Halle, an die sich in die neue Mittelachse der Anlage die Kapelle anschließt.

Die dreiseitig freistehende Kapelle wird also weder von Westen noch direkt von außen betreten, sondern aus der Glashalle durch ihren Südostflügel. Der Hauptraum ist im Grundriss quadratisch mit einem niedrigeren Umgang – analog zum Kreuzgang der Gesamtanlage – und einer räumlichen Überhöhung über der Vierung mit Oberlichtern und Zeltdachabschluss. Der Altarbereich mit geschlossener Rückwand liegt dem Eingang gegenüber im Nordwesten. Der zusammenhängende Innenraum wird vor allem durch die unterschiedlichen Raumhöhen zoniert: am höchsten ist er im zentralen Bereich der Vierung, niedriger ist er im Umgang und am wenigsten hoch in den vier Flügeln. In der äußeren Erscheinung führt diese Differenzierung zu hintereinander und in die Höhe gestaffelten Giebelflächen und Satteldächern, die das Zentrum zu schützen scheinen. Unterstützt von weißen glatten Wandflächen, knappen Blechabdeckungen und regelmäßig gesetzten schmalen, hohen Fenstern entsteht so ein Kapellenbau, der – bei aller Bewährtheit des Grundrisses – neu ist und verständlich, würdevoll, aber nicht zu sehr, von großer Einfachheit und lichter Klarheit. ●

In hardly any other building typology do tradition and conventions provide as much valuable guidance as in churches and chapels. Finding a foothold in the world means finding a foothold within space; it means clarity, order, geometry, and symmetry. The chapel in the St. Theresienstift nursing home, run by the Catholic women's order Sisters of Saint Elizabeth, is a central building on a cross-shaped layout, and looks back to a number of predecessors in architectural history. The absence of an east-west orientation stems from its connection to the somewhat older property to which it forms a structural addition. The architects of the chapel, Karl-Heinz Steinebach (*1942) and Friedrich Weber (*1941), expanded an existing older building on the large, park-like premises by adding two building wings and thereby creating a U-shaped development. They also designed the courtyard as a garden with a cloister, offering

access on the open side in the southwest. The connecting wing in the northwest is a glass hall that links to the new central axis of the chapel's structure.

Detached on three sides, the chapel doesn't provide access directly from the outside on the western side, but instead through the glass hall in the southeastern wing. The layout of the main room forms a square with a low tower gallery – analogous to the cloister of the overall facility – and a spatial camber across the intersection with skylights and a pavilion roof. The altar area with its closed back wall is located in the northeast, across from the entrance. The continuous interior is divided into zones through the different ceiling heights: It reaches its highest point in the central area of the intersection, drops lower in the tower gallery, and sits at its lowest in the four wings. In terms of the external appearance, this differentiation leads to lined up and tiered gable areas and saddle roofs that seem to protect the center. Supported by white, smooth wall surfaces, short sheet metal coverings, and regularly placed narrow, tall windows, this creates a chapel structure which – while retaining the traditional layout – is new and understandable, dignified, but not too much so, displaying great simplicity and bright clarity. ◆

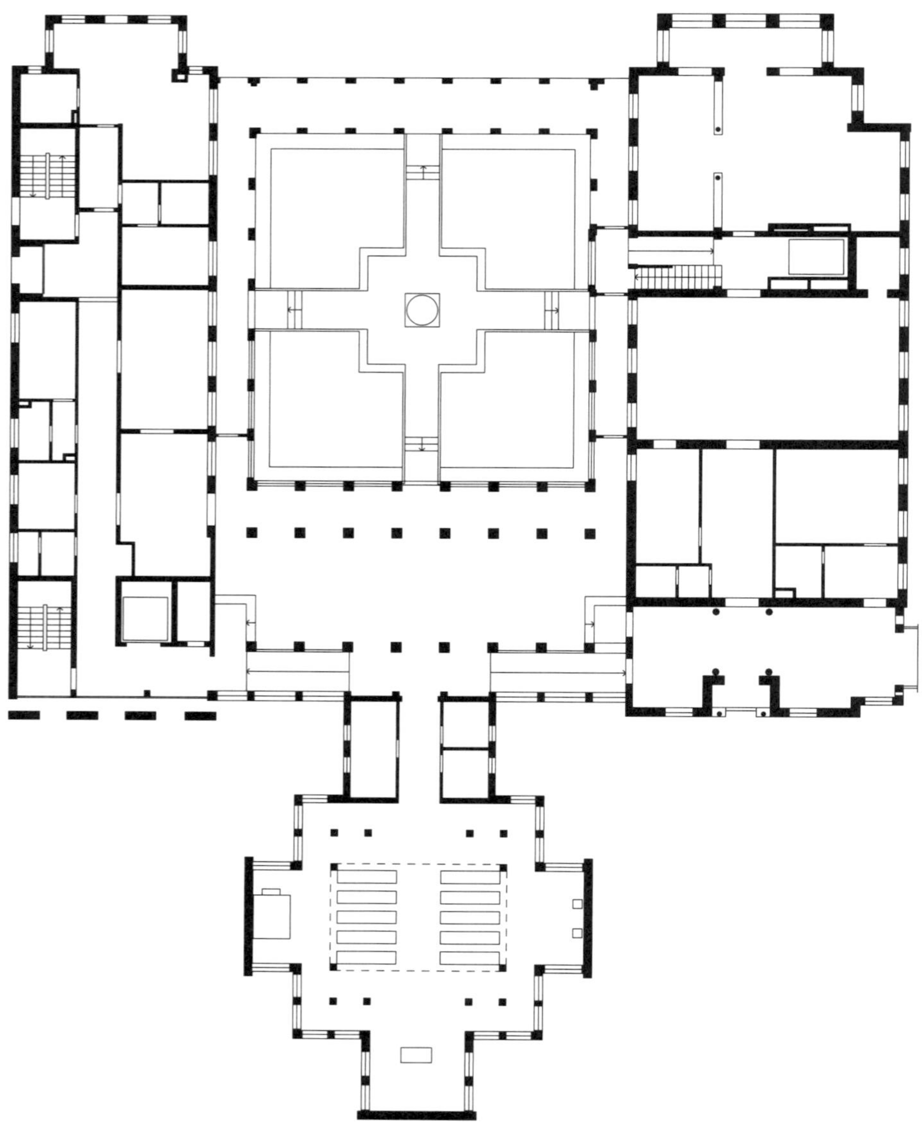

25

Architekt
Architect
Ralf Schüler und Ursulina Schüler-Witte

Objekt
Object
Turmrestaurant

Ort
Location
Schloßstraße 17, Steglitz-Zehlendorf

Entwurf
Designed
1968

Fertigstellung
Completed
1976

Dass die Geburt schwer war, sieht man dem Turm an: Eigenartig unharmonisch proportioniert, der Kopf riesengroß und allzu schwer, der Hinterkopf deformiert, der Schaft zu schlank und zu kurz und mit einem massiven Treppengeschwader behängt.

Der Turm ergänzt einen nicht unkomplizierten Verkehrsknotenpunkt mit zwei U-Bahntrassen und einer Verteilebene im Untergrund, der ebenerdigen Schloßstraße und einem als Hochstraße geführten Teilstück der Stadtautobahn. Für die Architekten Ursulina Schüler-Witte (1933–2022) und Ralf Schüler (1930–2011) war der U-Bahnhof das erste Projekt und mit dem wollten sie nicht ungesehen bleiben; sie wollten eine im Stadtraum sichtbare Betonung, eine Turmskulptur und obwohl das nicht Teil der Bauaufgabe war, fanden sie einen Weg zur Realisierung. Sie suchten einen privaten Investor, sie erfanden eine Nutzung und sie überzeugten die Stadt, ein eigentlich nicht genehmigungsfähiges Bauvorhaben – der Turm steht auf öffentlichem Straßenland – zu genehmigen, indem es eine anteilige öffentliche Nutzung erhielt, nämlich einen Fahrstuhl auch für die U-Bahngäste.

Nach verschiedenen Entwurfsvarianten mit unterschiedlich weit auskragenden und wie rotierend wirkenden Geschossen wird schließlich nach einer Form gesucht, die auch potenziellen Betreibern gefallen könnte. Als auch der Wertheim-Konzern ausgestiegen war, für dessen benachbartes Kaufhaus der Turm eine funktionale Ergänzung hätte werden können, direkt verbunden mit Brücken über die Hochstraße, verhandelt man mit Brauereien und es fällt der Begriff Bierfass.[1]

Realisiert wird schließlich ein Turm mit schlankem Schaft und schwerem Kopf und rund 1.000 Quadratmetern vermietbarer Fläche. Der Turmschaft aus Stahlbeton hat oberirdisch eine Höhe von gut 50 Metern und zwei Untergeschosse. Bei etwa 23 Metern Höhe setzten die vier auskragenden Geschosse an, drei für gastronomische Nutzungen, das oberste für Technik. Sie beschreiben im Grundriss einen in neun Segmente geteilten Dreiviertelkreis, sind durch zehn außen angebrachte Stahlträger strukturiert und mit geschosshohen Fassadenelementen aus rotem Eternit verkleidet. Das untere Geschoss im abgewinkelten Teil des Tragfachwerks hat eine stark nach außen geneigte Fassade, das darüber liegende Geschoss kragt am weitesten aus, das dritte und das vierte Geschoss springen wieder leicht zurück. Durch diese Modulierung und die Einschnürungen der Stahlträger wirken die neun Segmente pro Ebene wie einzelne Kanzeln, was durch die Ausbildung von abgerundeten Ecken noch betont wird. Jede Kanzel wird durch ein großes blau verspiegeltes Fenster belichtet. Den im Dreiviertelkreis angeordneten Gastronomie-Geschossen ist im Nordwesten ein ebenfalls viergeschossiger, aber kastenförmiger Versorgungstrakt mit offenen Fluchtbalkonen angefügt.

Das stark farbige und betont auffällige Äußere hat im Inneren, trotz großer Bemühungen der Architekten, keine Entsprechung. Schüler und

1
Im Berliner Volksmund wird das Gebäude als Bierpinsel bezeichnet.

DECATHLON
PHYSIO
REHA
SPORT
DECATHLON
C&A

Schüler-Witte hatten reihenweise Vorschläge erarbeitet, vom Luftfahrtrestaurant in dem als Zeppelinkanzel empfundenen ersten Geschoss bis zum Spielzeugrestaurant mit Modelleisenbahn, aber die Suche nach Nutzern für Gastronomieflächen, die sich nicht wie gewohnt ebenerdig befinden, gestaltete sich schwer. Pächterin wird 1976 dann tatsächlich eine Brauerei. Der Strahlkraft des roten Turms scheint man aber nicht zu trauen und stattet die Innenräume so aus, wie man das schon immer tat, mit hölzernen Kneipenmöbeln und konventionellem Nippes. In den Folgejahren wechseln die Pächter und mit ihnen die Innendekorationen.

Heute ist der Turm mit Graffiti besprüht und steht leer, aber unter Denkmalschutz. Schon während des Baus, der durch Kostensteigerungen verzögert wurde, hatte die landeseigene Berliner Wohn- und Geschäftshaus Gesellschaft die Bauherrschaft übernommen. Sie verkauft den Turm Anfang der 2000er-Jahre. Nach Eigentümerwechseln steht der Turm heute erneut zum Verkauf. Das Grundstück befindet sich nach wie vor im Eigentum der Stadt. ●

You can tell the tower's construction was a hard nut to crack just by looking at it: Oddly and unharmoniously proportioned, with a gigantic and incredibly heavy head, the back of the head deformed, the shaft too narrow and too short and draped with a solid flight of stairs.

The tower enhances a somewhat complicated transport hub with two U-Bahn railway lines and an underground level which acts as a main traffic area for pedestrians, Schlossstrasse at the ground level, and a segment of the urban highway constructed as an elevated road. The U-Bahn station was the first project for architects Ursulina Schüler-Witte (1933–2022) and Ralf Schüler (1930–2011), and they wanted to leave behind something memorable. They aimed to create a visible accent within the urban space – a tower sculpture – and even though this structure wasn't part of their building task, they found a way to turn it into reality. They found a private investor, invented a form of usage, and convinced the city to approve a construction project that wasn't really approvable – a tower on a public roadside – by making it partially available for public use, specifically by adding an elevator for U-Bahn passengers.

After testing different design versions with varyingly protruding stories that appeared to rotate, they eventually settled on a shape that could also appeal to potential businesses. Once the department store group Wertheim had also dropped out – for whom the tower could have acted as a functional addition to its neighboring store, directly connected via bridges across the elevated road – they started negotiating with breweries. At this point, the term "beer keg" came into play[1].

1 In Berlin, the building is colloquially refered to as the "Bierpinsel," or beer brush.

Ultimately, the architects constructed the tower with a narrow shaft, a heavy head, and a rentable area of around 1,000 square meters. The reinforced-concrete tower shaft rises about 50 meters into the sky above ground and contains two basement floors. The four protruding floors start at an elevation of 23 meters, three of which were designed for gastronomic use, and a top floor intended as the technology level. In their layout, these make up a three-quarter circle divided into nine segments. Ten externally attached steel girders provide structure, and the story-high facade elements are clad with red Eternit. The bottom floor in the angled part of the supporting framework features a facade that is heavily inclined towards the outside, the floor above protrudes furthest, while the third and fourth floors are set back a little more. As a result of the modulations and constrictions of the steel girders, the nine segments per level look like individual turrets, which is further emphasized by the formation of rounded corners. Every turret is exposed by a large, blue mirrored window. The floors with food services, arranged in a three-quarter circle, received the addition of a four-story, box-shaped supply wing with open escape balconies.

Despite efforts on the part of the architects, the interior doesn't match the very colorful and striking exterior. Schüler and Schüler-Witte had devised countless suggestions, from a space-travel themed restaurant on the first floor, which would give the impression of a blimp cockpit, through to a toy-themed restaurant with a model railway. But finding users for the gastronomy areas that don't take up the usual ground-floor space turned out to be difficult. In 1976, a brewery finally took over the lease. However, the renters seemed skeptical of the red tower's radiance and furnished the interior rooms in the traditional way – with wooden pub furniture and conventional bric-a-brac. Over the coming years, the lease would change hands, and new interior decoration followed.

Today, the tower is covered with graffiti and unoccupied, but under a preservation order. Already during the construction period, which was delayed due to increasing costs, the state's Berliner Wohn- und Geschäftshaus Gesellschaft (Berlin Residential Building and Business Property Company) had taken over as developer. In the early 2000's, the company sold the tower. Following changes of ownership, the tower is once again up for sale today. The city still owns the property. ◆

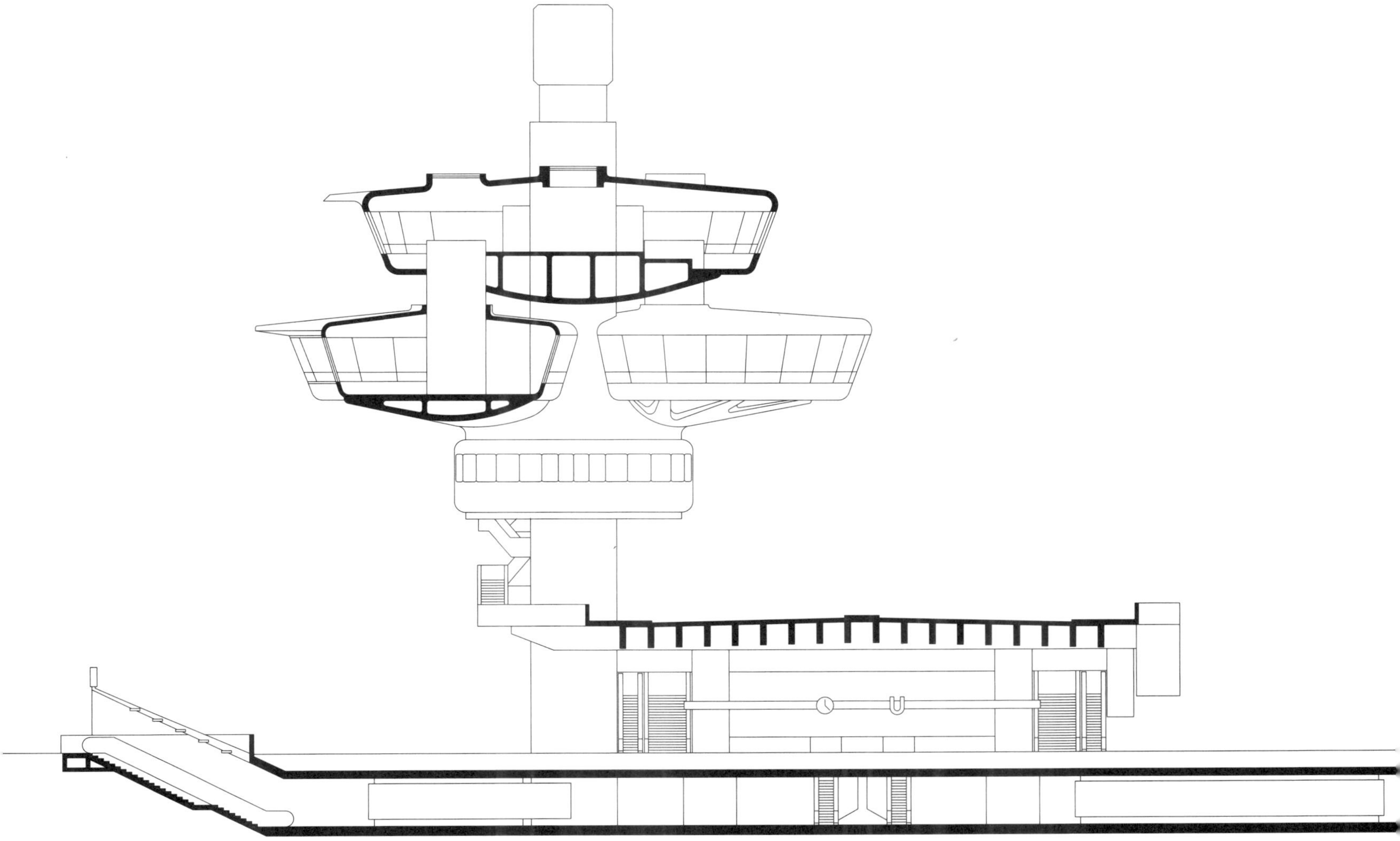

26

Architekt
Architect
Wolf-Rüdiger Borchardt

Objekt
Object
S-Bahn-Betriebswerk

Ort
Location
Bismarckstraße 29c, Steglitz-Zehlendorf

Fertigstellung
Completed
1989

Das S-Bahn-Betriebswerk in Wannsee mit dem Kürzel S-Bw Ws dient der Instandhaltung des Fahrzeugparks der Berliner S-Bahn, die Teil des öffentlichen Personennahverkehrs der Stadt ist. Neben dem Wannseer Betriebswerk gibt es noch zwei weitere in Grünau und Friedrichsfelde sowie eine Hauptwerkstatt in Schöneweide. Als der Architekt Wolf-Rüdiger Borchardt (*1939) in den 1980er-Jahren mit dem Neubau in Wannsee betraut wird, gilt es auch, das seit dem Mauerbau nur noch wenig genutzte Werksgelände mit mehreren von Richard Brademann (1884–1965) entworfenen Gebäuden aus dem Jahr 1933 neu zu sondieren, und funktionstüchtige Gebäude zu integrieren. Brademann hatte auch 1928 das neue Eingangs- und Empfangsgebäude des etwa einen Kilometer entfernten Bahnhofs Wannsee realisiert. Die Station am Wannsee war 1874 als Durchgangsbahnhof der Wannseebahnstrecke Richtung Potsdam eröffnet worden, war in Mauerzeiten Endbahnhof des S-Bahnverkehrs und kaum frequentiert, erlangte aber mit der Wiedervereinigung 1990 die alte Rolle und Bedeutung zurück.

Borchardt platziert eine rund 160 Meter lange und 55 Meter breite eingeschossige Halle auf den Gleisanlagen, sodass nun sieben Gleise in sie hinein- und wieder hinausführen. Beide Fronten haben sieben große transparente Tore, die langen Flanken des Gebäudes sind fensterlos. Die Halle ist eine Stahlkonstruktion mit einer Fassade aus Klinker und einem Flachdach mit Oberlichtern. Das Mauerwerk ist zweifarbig, rot und dunkelbraun mit eingearbeiteten Mustern. Auf diese einfache Art und Weise entsteht das Bild von Stützenreihen mit Balken und aus Rauten gebildeten Bändern. Die dem Bahnhof Wannsee zugewandte Einfahrtsfassade wird von einem kleinen gemauerten Treppengiebel mit Uhr bekrönt.

Die Lösung von Bauaufgaben im Verkehrsbereich nicht im Ingenieursbau, sondern in der Architektur zu suchen, hat in Berlin einige Tradition und zeitigt regelmäßig hervorragende Ergebnisse; oft in Klinker, rational und unaufgeregt. Gelegenheit, die Werkstatthalle mit ihren klar rhythmisierten, handwerklich sorgfältig ornamentierten langen Wandflächen zu sehen haben nicht nur die Bewohner der Häuser entlang der Bismarckstraße im Nordosten der Gleise, sondern auch alle Fahrgäste der S-Bahn. ●

The S-Bahn depot in Wannsee with the abbreviation S-Bw Ws was designed to maintain the fleet of the Berlin S-Bahn, which forms part of the city's public transport system. Aside from the depot in Wannsee, two additional facilities can be found in Grünau and Friedrichsfelde, as well as a central workshop in Schöneweide. When commissioned with the new build in Wannsee in the 1980's, architect Wolf-Rüdiger Borchardt (*1939) was also tasked with exploring new options for and integrating functional buildings into the factory premises. These had largely fallen into disuse after the fall of the wall and contained several buildings which were designed by Richard Brademann (1884–1965) and erected in 1933. In 1928, Brademann had also created the new entrance and station building at Wannsee station, approximately one kilometer away. The station in Wannsee was opened as a through station for the Wannsee line

657
655

653
654
655

657
658
659
660

to Potsdam in 1874, served as the final station for the S-Bahn service in the divided city and was rarely frequented, but reclaimed its old role and importance following reunification in 1990.

Borchardt covered the track system with a 160-meter-long and 55-meter-wide one-story hall, meaning that seven tracks lead into and back out of it. Both fronts feature seven large, transparent gates; the building's long sides are windowless. The hall is a steel construction with a clinker-brick facade and a flat roof with skylights. The brickwork is two-toned, displaying red and dark-brown hues with incorporated patterns. This simple method has given rise to the image of rows of columns with beams and strips formed through rhombuses. The entrance facade facing Wannsee station is crowned by a small, brick stepped gable with a clock.

Looking to architecture – as opposed to civil engineering – to find solutions for construction tasks in the transport sector is somewhat embedded in Berlin's tradition and regularly produces outstanding results. These often use clinker brick, are rational and composed. Not only residents in the buildings along Bismarckstrasse to the northeast of the tracks, but also all S-Bahn passengers now have the opportunity to marvel at the workshop hall with its clearly rhythmic, carefully handcrafted, ornamented wall surface. ◆

27

Architekt
Architect
George Candilis, Alexis Josic, Shadrach Woods

Objekt
Object
Institutsgebäude für Geisteswissenschaften der Freien Universität

Ort
Location
Habelschwerdter Allee 45, Steglitz-Zehlendorf

Fertigstellung
Completed
1973

Die Freie Universität Berlin, gegründet nach dem Zweiten Weltkrieg, ist gleichzeitig Campus-Hochschule, akademisches Dorf und Stadt in der Stadt. Sie ist keine als großes Ganzes um eine grüne Wiese herum konzipierte Gesamtanlage, sondern vielmehr – und das hat vor allem mit ihrem sehr dynamischen Wachstum zu tun – auf viele Gebäude verteilt; neue, große, alte, kleine. Das Initial- und Hauptgebäude mit dem Auditorium maximum, der Henry-Ford-Bau, entstand in den 1950er-Jahren nach dem Entwurf von Franz Heinrich Sobotka (1907–1988) und Gustav Müller (1906–1987). Und während in der Folge für die Bibliothek, die Mensa und die großen Fakultäten Neubauten hinzugefügt werden, nutzt man für die kleinen Fächer zahlreiche Wohnhäuser der vormaligen Villenkolonie Dahlem.

Eine Erweiterung im großen Maßstab folgt in den 1970er-Jahren mit der Bebauung von bis dahin landwirtschaftlich genutzten Flächen der Domäne Dahlem. Was 1963 im Wettbewerb noch technokratisch als Institutskomplex Obstbaugelände bezeichnet wird, soll die Philosophische und die Mathematisch-Naturwissenschaftliche Fakultät und eine Mensa beherbergen. Die Gewinner des Wettbewerbs kommen aus Paris und heißen Georges Candilis (1913–1995), Alexis Josic (1921–2011) und Shadrach Woods (1923–1973). Sie entwerfen und realisieren auf einer großen gerasterten Fläche eine einigermaßen gleichmäßig verteilte zwei- bis dreigeschossige Bebauung mit begrünten Höfen und einem polyzentrischen Straßen- und Wegenetz. Struktur und Raumgefüge lassen sich in alle Richtungen erweitern, die funktionale Bestimmung der Räume lässt sich austauschen. Ausdruck dessen ist die Benennung der drei Hauptwege und breitesten Flure als Straßen J, K und L – mit Potenzial für Straßen A bis I und M bis Z. Die orthogonal zu den Straßen verlaufenden schmaleren Wege tragen Nummern. So sachlich und systematisch die Struktur ist, so offen in der Nutzung und veränderbar sind die Räume. Und die Straßen, Wege und Höfe dienen nicht nur der Erschließung, sondern sind so dimensioniert, dass sie gleichzeitig Orte der Begegnung, der Versammlung und des Austauschs sein können.

Die Grundlage der Erweiterbarkeit und Transformation des Institutsgebäudes ist neben dem strukturellen Konzept ein flexibles Stützenraster und ein modularer Aufbau aus industriell vorgefertigten verschraubten Elementen. Demonstriert wird die konstruktive Idee in den Fassadenelementen mit einer Beschichtung aus Cortenstahl, die der französische Architekt und Designer Jean Prouvé (1901–1984) entwickelt hat. Die Rostschicht auf den Oberflächen und der provisorische, weil ausbaufähige Charakter dieses ersten Bauabschnitts bescherte dem Gebäudes den informellen Namen Rostlaube.[1]

1
1979 wird als Verlängerung in Richtung Nordosten der zweite Bauabschnitt mit einer Fassade aus Aluminiummodulen fertiggestellt und fortan Silberlaube genannt. Der Architekt ist Manfred Schiedhelm (1934–2011), der schon für den Bau der Rostlaube zu den Architekten Candilis, Josic und Woods gestoßen war. Eine Erweiterung um ein weiteres Drittel in Richtung Fabeckstraße, wie im Wettbewerbsentwurf vorgeschlagen, erfolgte nicht.

Inzwischen ist zwar der Name Rostlaube formalisiert, aber eine rostende Oberfläche hat das Gebäude nicht mehr. Nach Plänen des britischen Architekten Norman Foster (*1935) wurde es 2007 saniert und umgebaut. Die Fassade ist nun nicht mehr mit Cortenstahlplatten verkleidet, sondern mit Kupferblech. Im nordwestlichen Bereich ist die Raumstruktur großflächig aufgehoben, um Platz für einen Bibliotheksneubau zu machen. Der Solitär auf mehr oder weniger kreisförmigem Grundriss und mit einer Gebäudehülle in Blasenform dominiert die betont nicht monumental und objekthaft angelegte komplexe Gebäudestruktur deutlich und folgt der dem Entwurf zugrunde liegenden strukturalistischen Idee nicht.

Diese Idee, die in den 1950er–Jahren als Gegenposition zur funktionalistischen Architektur und zum nach Funktionen trennenden Städtebau der Vorkriegsjahrzehnte formuliert worden ist, hat in Georges Candilis, Alexis Josic und Shadrach Woods wichtige Vertreter. Innerhalb der Architektengruppe Team 10 stellten sie den Überzeugungen und Überzeugungstaten des Congrès Internationaux d'Architecture Modern (CIAM) und den Dogmen der Charta von Athen komplexe Strukturen und neue Raumsysteme entgegen. Wieder, könnte man sagen, aber neu und anders. Der Rostlaube liegt das Prinzip zugrunde, universelle architektonische und räumliche Elemente je nach Anforderung und Aufgabe zu einer komplexen Struktur zusammenzusetzen. Innerhalb dieses Beziehungsgeflechtes können sich die Elemente verändern oder ausgetauscht werden – aber immer in Abhängigkeit vom Ganzen. Das Ganze hingegen ist unabhängig vom konkreten Element, weil die Beziehungen fortdauern. Dieser Logik folgt der Austausch von mehreren Höfen und Baukörpern gegen den Blob der neuen Bibliothek insofern nicht, als er Beziehungen kappt.

Die Idee des Strukturalismus ist bis heute ein wichtiges Konzept in Architektur und Städtebau. Insbesondere das Modell der Partizipation basiert auf dem ihm zugrunde liegenden Prinzip von Struktur und Einfüllung: Langlebige Stadt- oder Gebäudestrukturen, die klar und definiert sind, werden befüllt mit Elementen mit weniger langem Zyklus und durchaus auch von ihnen überlagert. ●

Founded after World War II, the Free University of Berlin is a campus university, academic village, and city within the city. It wasn't developed with a big-picture design in mind, as an overall complex revolving around a green space, but instead - and this is largely due to its very dynamic growth - is spread across many buildings; new, big, old, small. Franz Heinrich Sobotka (1907–1988) and Gustav Müller (1906–1987) provided the designs for the initial structure and the central building containing the main lecture hall, both constructed in the 1950's. And while further new buildings were subsequently added to accommodate the library, canteen, and major faculties, the smaller subjects make use of the many residential buildings from the former villa colony of Dahlem.

A large-scale expansion followed in the 1970's and included developments on parts of Domäne Dahlem that were previously used for agricultural purposes. Technocratically dubbed Institutskomplex Obstbaugelände (Orchard Faculty Complex) in the 1963 competition, the new builds would house the Faculty of Philosophy and Faculty of Math and Science as well as a canteen. The competition winners stemmed from Paris: Georges Candilis (1913–1995), Alexis Josic (1921–2011), and Shadrach Woods (1923–1973). On a large, grid surface, they designed and implemented a fairly evenly distributed two to three-story development with green courtyards and a polycentric street and path network. The structure and space are expandable in all directions, and the functional designation of the rooms can be changed as necessary. This is made evident by the names given to the three main paths and the widest hallways: Streets J, K, and L. This opens up the possibility for Streets A through I and M through Z. The narrower paths, which run orthogonally to the streets, are designated by numbers. As matter of fact and systematic as the structure may be, it offers just as much flexibility in terms of room usage. And the streets, paths, and courtyards not only provide access, but are also dimensioned in such a way that they can simultaneously serve as places to meet, gather, and interact.

FREIE UNIVERSITÄT BERLIN
FREIE UNIVERSITÄT BERLIN

Aside from the structural concept, a flexible support grid and a modular design consisting of industrially prefabricated screwed elements form the foundation of the expandability and transformation of the faculty building. The constructive idea is demonstrated by the facade elements with a corten-steel coating, developed by French architect and designer Jean Prouvé (1901–1984). The rust layer on the surfaces and the provisional – i.e., expandable – character of this initial construction phase lent the building the informal name of Rostlaube (rust bucket).[1]

While the name Rostlaube has in the meantime been formalized, the rusty surface no longer exists. The building was renovated and refurbished in 2007 in line with plans developed by British architect Norman Foster (*1935). The facade no longer dons corten-steel plates, but instead copper sheets. In the northwestern area, the spatial structure has been abolished on a large scale to make way for a new-build library. The solitary structure on the more or less circular layout and with a bubble-shaped building envelope clearly dominates over the markedly non-monumental and object-like arrangement of the complex building structure and doesn't follow the basic structural idea of the design.

Georges Candilis, Alexis Josic, and Shadrach Woods were important proponents of this idea – formulated in the 1950's as a counter-position to functionalist architecture and urban design of the pre-war decades – which divided the city by function. As part of the architectural group Team 10, they confronted the convictions – and acts of conviction – of the Congrès Internationaux d'Architecture Modern (International Congresses of Modern Architecture, CIAM) and the dogmas of the Athens Charter by presenting complex structures and new spatial designs. Once more, one could say, but with a new and different spin. The Rostlaube is based on the principle of assembling universal architectural and spatial elements into a complex structure in line with the requirements and the task at hand. Within this network of relationships, the elements can change or be exchanged – but always subject to the whole. The whole, in contrast, remains independent from the concrete element because the relationships last. The act of replacing several courtyards and building structures with the blob that is the new library doesn't follow this logic, as it severs relationships.

Today, the idea behind structuralism still serves as an important concept in architecture and urban design. In particular, the model of participation is based on its fundamental principle of structure and infilling: Clear and defined, long-lasting urban or building structures are filled with elements that have a shorter cycle, even superimposed by them. ◆

1
In 1979, the second building stage, an extension towards the northeast, is completed with a facade consisting of aluminum modules and from then on called "Silberlaube" (silver bucket). Manfred Schiedhelm (1934–2011) was the responsible architect, who had already collaborated with the architects Candilis, Josic, and Woodsfor the construction of the Rostlaube. An expansion by another third towards Fabeckstrasse, as suggested in the competition design, never came to fruition.

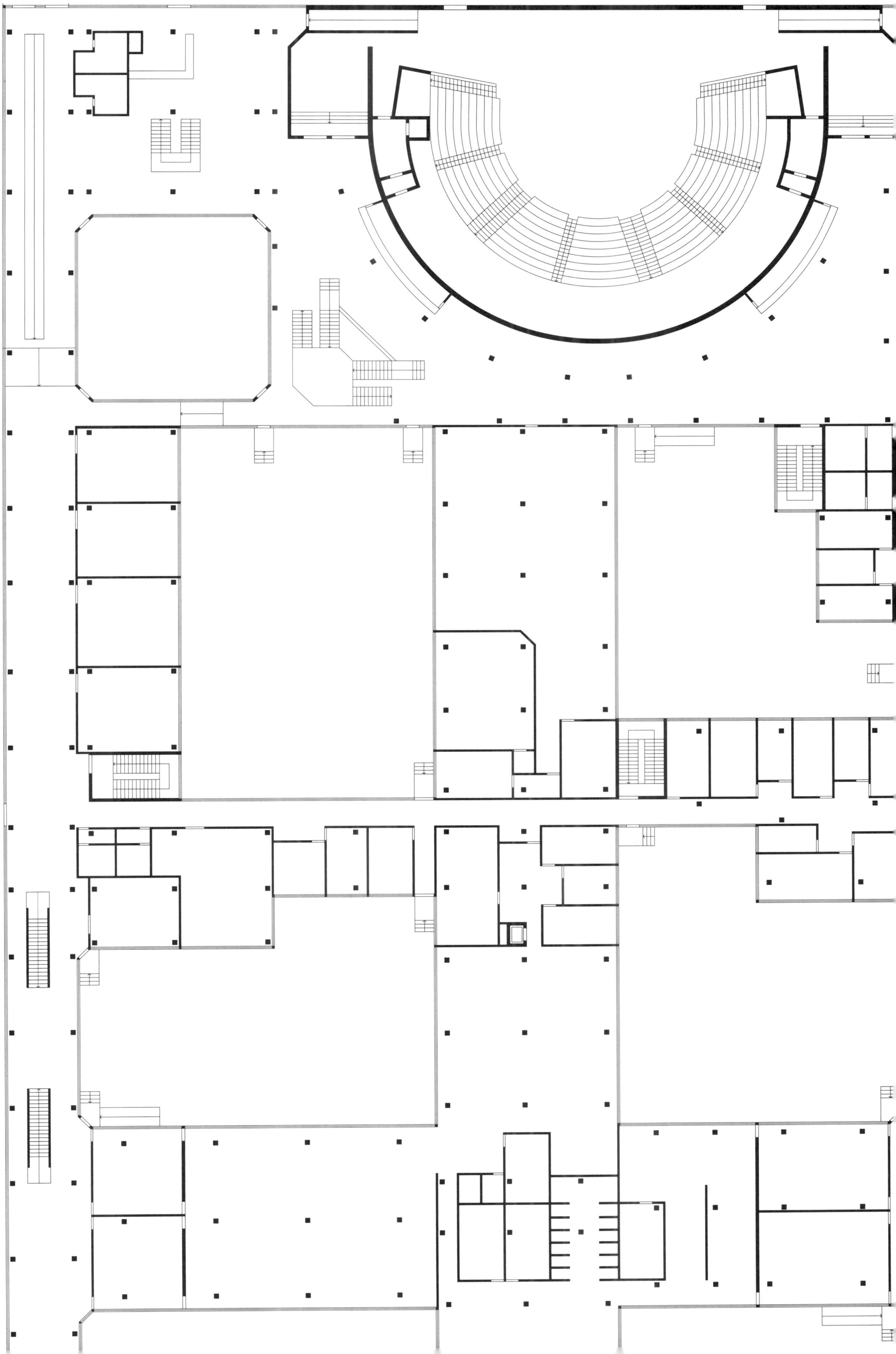

28

Architekt
Architect

Jan Bassenge und Kay Puhan-Schulz

Objekt
Object

Fernmeldedienstgebäude für eine Zentralvermitttlungsstelle

Ort
Location

Winterfeldtstraße 27, Tempelhof-Schöneberg

Fertigstellung
Completed

1989

Das Fernmeldedienstgebäude der Bundespost in der Winterfeldtstraße ist weniger ein Büro- als vielmehr ein Lagerhaus. In dem 50 Meter breiten und 60 Meter tiefen Volumen stehen auf sechs Geschossen technische Anlagen zur digitalen Vermittlung von Telefongesprächen. Mit diesen Anlagen wurde die manuelle und dann elektromechanische Telefonvermittlung abgelöst, wie man sie bis dahin im Fernmeldeamt 1 zwei Parzellen weiter östlich praktizierte. Das ältere Gebäude der Reichspost aus dem Jahr 1929, eine mehrflügelige Anlage mit vier Höfen, die im selben Block fünf Berliner Parzellen besetzt, hatten die Architekten und Postbauräte Otto Spalding (1863–1945) und Kurt Kuhlow noch wie ein typisches Bürohaus für mehrere Tausend Mitarbeiter angelegt. In der neuen Vermittlungsstelle beanspruchen die Büros lediglich eine knappe Raumschicht entlang der Straße; im weiteren massiven, durch keinen Hof gegliederten Volumen wird Tageslicht nicht benötigt. Das im Grundriss parallelogrammförmige Gebäude hat also nur zwei Fassaden: die nach Norden weisende Straßen- und die nach Süden ins Blockinnere weisende rückwärtige.

Diese beiden Fassaden sind expressiv und eigenwillig gestaltet, bedrängen darin aber die Homogenität der Schöneberger Blockrandbebauung mit vorwiegend gründerzeitlichen Wohnhäusern kaum. An der Straße wird sowohl der Bauflucht gefolgt als auch der Traufhöhe und rückwärtig entspricht die Gebäudetiefe einem Berliner Miethaus mit Hof und Hinterhaus. Zudem ermöglichen die an der Straße angeordneten kleinteiligen Funktionen ein Fassadenbild, das in Maßstab und Proportion den umgebenden Wohnhäusern ähnlich ist. Das Fassadenmaterial des Fernmeldedienstgebäudes allerdings – dunkelroter Klinker – kontrastiert deutlich mit den hellen Putzfassaden der Umgebung und zeichnet es als öffentliches und technisches Bauwerk aus. Gleichzeitig schafft es eine Verwandtschaft zur älteren Reichspost, die ebenfalls ein Klinkerbau ist.

Die Herausforderung im Grundriss besteht hier weniger im Raumprogramm, das klar und einfach ist, sondern vielmehr in der Vermittlung der Geometrien Rechteck und Parallelogramm, die das Grundstück provoziert. Neben den entlang der Straße angelegten Büroräumen gibt es auf allen Geschossen in der Gebäudemitte zwei große Säle für die digitalen Vermittlungsautomaten, jeder 650 Quadratmeter groß und nur durch eine mittig verlaufende Stützenreihe gegliedert. Sie sind als klare Rechtecke in das Parallelogramm eingelegt und von langen Verbindungsgängen allseitig umschlossen. Vier im Grundriss keilförmige Lagerräume vermitteln pro Geschoss zwischen den Geometrien.

Das außerordentlich wirkungsvolle Alleinstellungsmerkmal des Gebäudes ist seine als haushohe Kaskade gestaltete Eingangsgeste. Ausgehend von

einer Breite von zwölf Metern verjüngt sich der an einen Gesteinshohlraum erinnernde Einschnitt gestaffelt in die Höhe und in die Tiefe und entblößt die hinter dem harten dunklen Klinker liegende Fassadenebene aus Glas und goldglänzendem Aluminium.

Der Einschnitt ist eine Demonstration dessen, was Architektur innenräumlich und stadträumlich leisten kann. Während auf der gegenüberliegenden Straßenseite ein Wohnhaus aus der Nachkriegszeit grundlos von der Bauflucht zurückgesetzt ist und einen tristen Rasenstreifen vor sich ausbreitet, entsteht hier ein gefasster Eingangsraum mit präzise ausgewählter und gesetzter Bepflanzung – einem Ahornbaum – und mit Einblick in tiefer liegende Gebäudeschichten und Ausblick in den Himmel.

Im Grundriss löst der kaskadenartige Einschnitt einen leichten geometrischen Konflikt – und auch wieder nicht: Er vermittelt von der Mittelachse des Parallelogramms in die Fassadenebene, liegt in dieser dadurch aber leicht außermittig. In der Gliederung der Fassade wird diese leichte Asymmetrie nicht weiter betont; beidseits der Kaskade gibt es einmal vier und einmal fünf Fensterachsen und jeweils abschließend einen haushohen vertikalen Fensterschlitz vor den Treppenhäusern. Die Fenster der beiden oberen Geschosse sind durch Pfeilervorlagen plastisch zusammengefasst und das Dachgeschoss springt zurück, womit deutliche Korrespondenzen mit der alten Reichspost hergestellt werden.

In anderer Form taucht die Kaskade auch auf der rückwärtigen Fassade des Gebäudes auf: als quer vor die Außenwand gelegte Treppe, die sich über mehrere Geschosse einläufig über die Fassadenfläche erstreckt, unten einen kurzen Richtungswechsel beschreibt und dadurch wie eine Klinkerschicht wirkt, die sich diagonal vom dahinterliegenden Kern des Hauses schält. Sie entblößt hier eine robust durch ein gemauertes Raster gegliederte Fassade mit verglasten Feldern, größtenteils Fenstern und teilweise Glasbausteinflächen. ●

The Federal Post Office's telecommunications service building on Winterfeldtstrasse is less of an office and more of a warehouse. The 50-meter-wide and 60-meter-deep complex houses technical facilities for digital telephone exchanges on six stories. These systems replaced the manual and then electromechanical telephone exchange which had been in operation up until then – in the "Fernmeldeamt 1" (Exchange 1) two plots further east. The older Reichspost building from 1929 is a complex with multiple wings and four courtyards which occupies five plots in the same Berlin block. The architects and "Postbauräte" (government building officers for post offices) Otto Spalding (1863–1945) and Kurt Kuhlow had designed it as a typical office building for several thousand workers. However, in the new central exchange, the offices take up merely one narrow layer of rooms along the road; the rest of the massive structure, which lacks the open space of a courtyard, doesn't require any daylight. This means that the complex with a rhomboid layout only has two facades: one facing the streets to the north and one pointing south towards the interior of the block.

These two facades are designed in an expressive and unconventional style without imposing on the homogeneity of the mostly Wilhelminian residential buildings that grace the periphery of this block in Schöneberg. The front follows the building line and adopts the same eaves height, while to the back, the building depth matches that of a Berlin apartment block with a courtyard and rear building. In addition, the small-scale functions arranged along the road allow for a facade image that resembles the surrounding residential buildings in terms of dimensions and proportions. That said, the facade material of the telephone exchange building – dark red clinker bricks – clearly contrasts the light-colored rendered facades of the surrounding area and lets it stand out as a public and technical construction. At the same time, this creates a connection to the older Reichspost building, which is also clinker building.

The challenge of the layout doesn't so much lie in the functional and spatial allocation plan, which is clear and simple, but in the mediation between square and rhomboid geometries provoked by the property. Next to the offices arranged alongside the road, all stories feature two large halls containing the digital operator machines, each 650 square meters in size and separated only by a row of columns running through the middle. They have been inserted into the parallelogram as clear rectangles and are encircled by long connecting corridors on all sides. Four wedge-shaped storage rooms act as intermediaries between the geometries on every floor.

The entrance to the building, designed as an enormous cascade, serves as an extraordinarily effective distinguishing feature. Starting with a breadth of twelve meters, the recess – reminiscent of the internal cavity of a geode – tapers upwards and inwards, revealing the facade layer made of glass and gold-shimmering aluminum behind the hard, dark clinker bricks. This recess demonstrates what architecture can achieve both on an interior and urbanistic level. On the opposite side of the road, a post-war residential building is set back behind the building line for no good reason, with a dreary strip of grass spread out before it. In contrast, the telecommunications service building presents a well-thought-out entrance space with specifically selected and positioned greenery – a maple tree – and offers insight into the lower building layers as well as a view of the sky.

The cascading recess creates a slight geometrical conflict in the layout – while in a way also resolving it: Connecting the central axis of the parallelogram with the facade level, it takes up a slightly off-center position. But within the structure of the facade, this little asymmetry doesn't stand out; both sides of the cascade feature window axes – four on one side and five on the other –as well as a vertical window slit in front of the stairwells that scales the length of the building. The windows in the two top floors are sculpturally connected through lesenes, and the attic floor is set back, which generates a clear correspondence with the old Reichspost.

The cascade also appears on the rear facade of the building, but in a different form: as a staircase positioned diagonally in front of the exterior wall, reaching up several stories and stretching across the facade's surface in a single run before briefly changing direction. This gives it the semblance of a clinker-brick layer diagonally peeling away from the core of the house behind it. Here, it unveils a facade which is robustly structured through a brick grid with glazed sections, mostly windows and partially glass-block surfaces. ◆

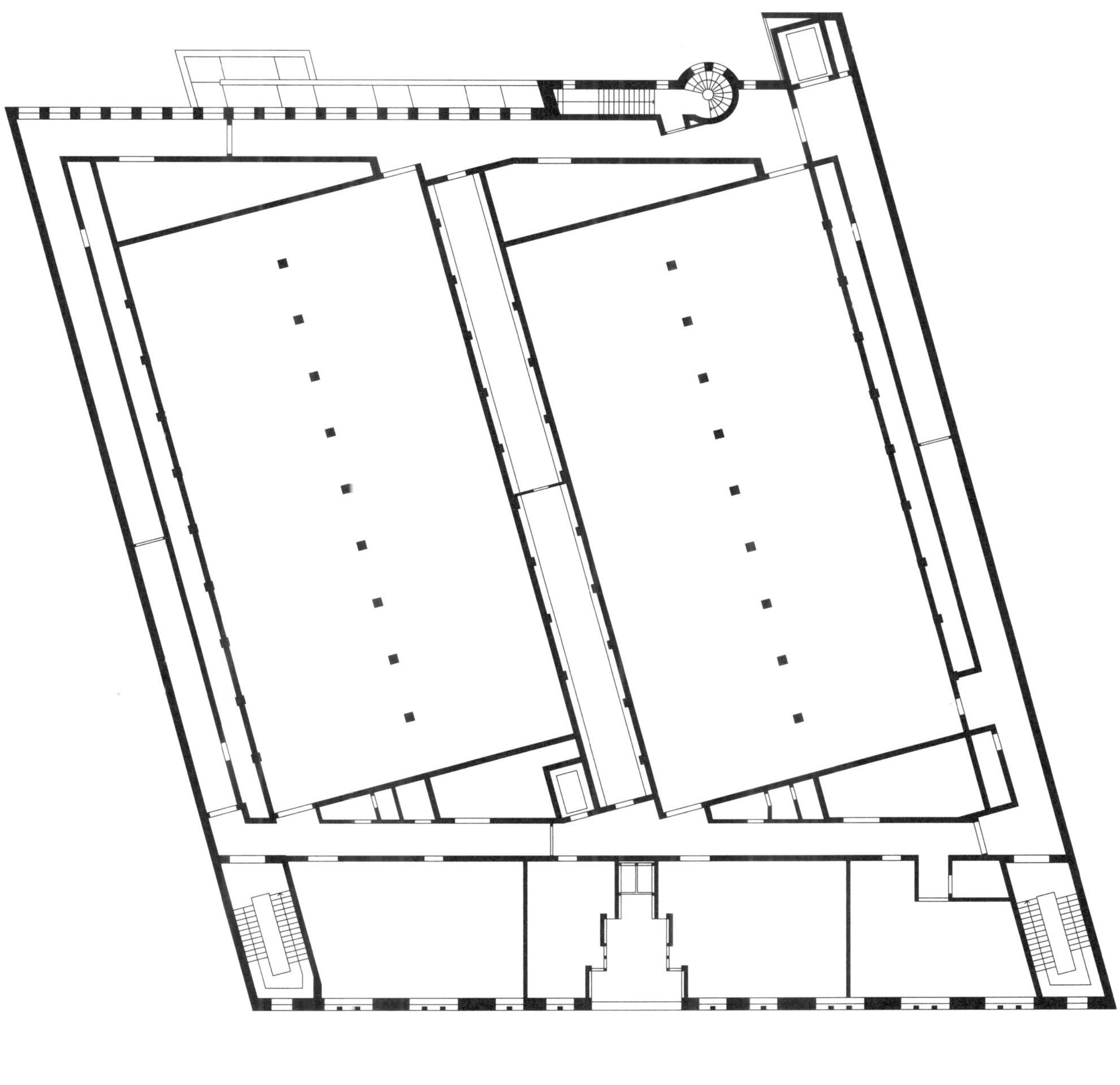

29

Architekt
Architect
Karl und Max Dudler

Objekt
Object
Umspannwerk

Ort
Location
Karl-Heinrich-Ulrichs-Straße 18, Tempelhof-Schöneberg

Fertigstellung
Completed
1989

Wenn sich nach den starken Kriegszerstörungen im südlichen Tiergartenviertel die Überzeugungstäter eines „autogerechten" Stadtumbaus länger hätten durchsetzen können, wäre die Kurfürstenstraße heute eine Autobahn. Für eine erhebliche Verbreiterung des vormals bescheidenen Profils der Schillstraße hatten sie bereits gesorgt und auch die Einemstraße, seit 2016 nach Karl Heinrich Ulrichs (1825–1895) benannt, war schon mehrspurig ausgebaut, als der Bau der sogenannten Südtangente 1973 in einem städtebaulichen Ideenwettbewerb zunächst gedanklich und 1987 mit der Internationalen Bauausstellung dann konkret revidiert wurde. Das südliche Tiergartenviertel wurde „Demonstrationsgebiet" der IBA und demonstriert werden sollte, dass der in den Nachkriegsjahrzehnten so konsequent ignorierte Stadtgrundriss eine wichtige und Identität stiftende Konstante ist, dass Dichte eine wesentliche Bedingung von Urbanität ist und eine soziale und funktionale Mischung auch. Für den Lützowplatz, die Lützow- und die Einemstraße bedeutete dies, dass hier analog zur Bebauungsstruktur vor dem Krieg die Blockränder wieder geschlossen werden sollten und das recht weite Blockinnere durch freistehende Häuser entlang interner Wege verdichtet. Ursprünglich hatte der südöstliche Teil des Blocks eine kleinteiligere Struktur und war durch zwei Stichstraßen geöffnet. Die Ulmen- und die Buchenstraße waren aber schon in den 1970er-Jahren für den Neubau des Französischen Gymnasiums an der Derfflingerstraße eliminiert worden.

Die urbane Nutzungsmischung im Block erlaubte neben Wohnungen, Büros, Gastronomie und einer Kindertagesstätte auch den Bau des Umspannwerks der Berliner Elektrizitätswerke. Das technische Gebäude sollte aber nicht nur ferngesteuerte Transformatoren und Schaltanlagen beherbergen, sondern gleichzeitig auch den Zugang ins Blockinnere schaffen. Diese beiden Funktionen stehen in einem gewissen Widerspruch, denn ein Umspannwerk ist alles andere als ein öffentliches oder für jedermann zugängliches Gebäude.

So scheint es auf den ersten Blick auch aus zwei ungleichen Teilen zu bestehen. Dominierend und in sich ruhend steht das Torhaus, so breit wie tief, aber doppelt so hoch, in quadratische Felder gerastert und mit dunkelblauen, sichtbar verschraubten Metallelementen verkleidet. Es wirkt wie ein technisches Gerät ohne Maßstab, symmetrisch, acht Rasterfelder hoch, vier breit, die beiden mittleren Achsen sind in die Tiefe gestaffelt und lassen unten eine Durchfahrt offen. Daneben steht, als Stirnseite eines tiefen, schlanken Riegels, eine Wand aus Backstein, etwa halb so breit wie das metallene Torhaus, geschlossen, nur ganz oben verläuft eine Reihe kleiner quadratischer Öffnungen – ein leiser Hinweis darauf, dass das eine zum anderen gehört.

Anders als das Bild zur Straße suggeriert, stehen Torhaus und backsteinerner Riegel nicht additiv nebeneinander, sondern verschränken sich räumlich, konstruktiv und funktional. Aus der Klarheit dieses Bildes aber resultiert die große Kraft des Gebäudes, das gleichzeitig Geste ist und technisches Bauwerk.

In Form und Erscheinung und in der Verbindung von Rationalismus und Ausdruckskraft hat das Umspannwerk von Karl (*1948) und Max (*1949) Dudler zwei ältere Berliner Verwandte, die ebenso schmal und turmartig im Block stehen: die beiden Baukörper aus Backstein, mit denen Hans Heinrich Müller (1879–1951) das Umformwerk zwischen Koppenplatz und Auguststraße von Franz Heinrich Schwechten (1841–1924) im Jahr 1926 erweitert hat. Sie stehen in großer Einfachheit, mit vorbildlich gemauerten Backsteinwänden, betonten Dachabschlüssen, in klarer Ordnung und mit der gleichen souveränen Präsenz im Stadtraum wie ihr Nachfolger. ●

If the crusaders for a "car-friendly" urban redevelopment had prevailed a little longer, Kurfürstenstrasse in the southern part of the district of Tiergarten – which had suffered massive wartime destruction – would be a highway today. They had already claimed success in considerably expanding the formerly modest profile of Schillstrasse and adding several lanes to Einemstrasse, renamed after Karl Heinrich Ulrichs (1825-1895) in 2016, before the construction of the so-called Südtangente (southern expressway) was gradually reconsidered over the course of an urban design ideas competition in 1973, and finally canceled in 1987 during the International Architecture Exhibition (Internationale Bauausstellung, IBA). The southern part of the Tiergarten district turned into the IBA's "demonstration area", and it aimed to demonstrate that creating an understanding that the urban layout, which had consistently been ignored during the post-war era, forms a crucial and identity-building constant, that density serves as an important requirement of urbanity, as does social and functional diversity. For Lützowplatz, Lützowstrasse and Einemstrasse, this meant closing off the periphery of the blocks in line with the pre-war building structure and condensing the rather spacious inner part of the block by adding detached houses along internal paths. Originally, the southeastern section of the block featured a denser structure with access through two cul-de-sacs. But Ulmenstrasse and Buchenstrasse had already been eliminated in the 1970's to make way for the new build of the French high school on Derfflingerstrasse.

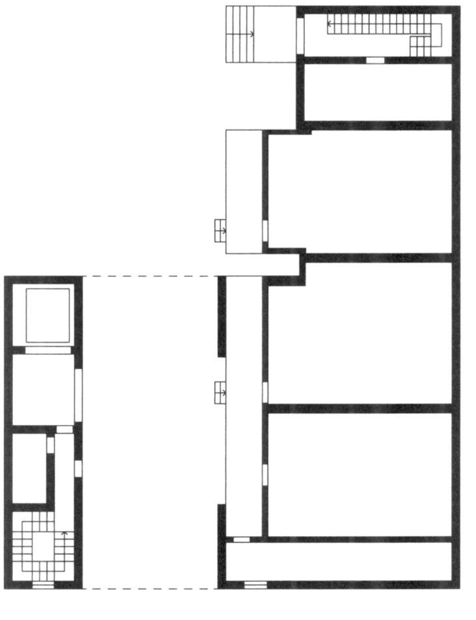

The urban mixed-usage development within the block allowed for apartments, offices, restaurants, and a daycare center, but also the construction of the Berlin power company's substation. However, the technical facility wasn't just designed to contain remote-controlled transformers and switchgear, but also to provide access into the inner part of the block. To a certain extent, these two functions stand in contrast to one another, as a substation is by no means a public building that is accessible to anyone.

As result, it appears to consist of two unequal parts at first glance. The self-contained gatehouse cuts a dominating figure, as wide as it is deep, but twice as high, divided into square fields, and donned with dark blue, visibly screwed metal elements. It looks like a technical device without scale, symmetrical, with a height of eight grids and a width of four, the two central axes staggered into the depth and thereby opening up space for a passageway. Next to it, as a gable end of a deep, narrow bar, stands a brick wall, about half as wide as the metal gatehouse, enclosed, with only a row of small square openings at the top – subtly hinting at the connection between the two.

While the view from the street suggests that the gatehouse and brick bar are juxtaposed in an additive manner, they actually cross each other spatially, constructively, and functionally. But the clarity of this image results in the strength of this building, which acts as both a gesture and a technical construction.

In terms of its form and appearance, and due to the way it merges rationalism and expressiveness, the substation designed by Karl (*1948) and Max (*1949) Dudler has two older relatives in Berlin that are positioned within a block in a similarly narrow and tower-like manner: the two brick structures with which Hans Heinrich Müller (1879–1951) expanded the production plant by Franz Heinrich Schwechten (1841–1924) between Koppenplatz and Auguststrasse in 1926. They display great simplicity, featuring brick walls of exemplary craftsmanship, highlighted copings, with a clear order and the same sovereign presence within the urban space as its successor. ◆

Wenn sich nach den starken Kriegszerstörungen im südlichen Tiergartenviertel die Überzeugungstäter eines „autogerechten" Stadtumbaus länger hätten durchsetzen können, wäre die Kurfürstenstraße heute eine Autobahn.

If the crusaders for a "car-friendly" urban redevelopment had prevailed a little longer, Kurfürstenstrasse in the southern part of the district ofTiergarten – which had suffered massive wartime destruction – would be a highway today.

30

Architekt
Architect
Josef Paul Kleihues

Projekt
Project
Werkstatt der Straßenreinigung

Ort
Location
Ringbahnstraße 88–124, Tempelhof-Schöneberg

Entwurf
Designed
1969

Fertigstellung
Completed
1974/1978

Ende des 19. Jahrhunderts markiert die Ringbahn noch die Grenze zwischen dem dicht bebauten Stadtgebiet von Berlin und Charlottenburg und dem weit weniger stark besiedelten Umland. In den 1880er-Jahren wird an der Tempelhofer Ringbahnstraße unmittelbar südlich der Bahntraße, dort wo heute die Werkstatt der Berliner Straßenreinigung steht, das Garde-Train-Bataillon, eine Kaserne der preußischen Armee gebaut. Gleichzeitig wandelt sich das nahe Tempelhofer Feld gerade vom Exerzierplatz zum Naherholungsgebiet – bis es in den 1920er-Jahren zum Flugfeld des neuen Zentralflughafens wird und nach dessen Stilllegung 2008 wieder eine grüne Wiese für jedermann. Die Kaserne wird im Zweiten Weltkrieg zu großen Teilen zerstört und nur einzelne rote Ziegelbauten, darunter Teile der Pferdeställe, sind bis heute erhalten. Und die heute nördlich des Grundstücks verlaufende Autobahn A100 ist zum Zeitpunkt des Baus der Werkstatt nur projektiert und wird in diesem Abschnitt erst 1981 fertiggestellt.

In diesen disparaten und unwirtlichen Stadtraum hinein entwirft Josef Paul Kleihues (1933––2004) eine kraftvolle und autonome Großform, ein etwa 300 Meter langes Gebäude, in dem die orangefarbenen Fahrzeuge, die in Berlin die Müllbeseitigung und die Straßenreinigung erledigen, gewartet und repariert werden.

Der Grundriss der Werkstatt ist in seiner Form, Größe und Proportion einem römisch-antiken Circus ähnlich, der langgestreckten Arena, in der vor mehr als 2.000 Jahren Pferdewagenrennen ausgetragen wurden. Beiden gemeinsam ist der halbrunde Abschluss und die das Rückgrat bildende Mittelachse, die beim Circus eine lange niedrige Mauer mit Obelisken und Wendemarken ist, die sogenannte Spina, die von den Pferderennwagen mehrfach umrundet werden musste. Im Werkstattgebäude hingegen versorgt und bedient die langgestreckte Zone im Zentrum die beiden äußeren „Bahnen", die großen Werkstatthallen. Sie beherbergt auf drei Geschossen unter anderem eine Sattlerei, Werkzeugdepots, Aufenthalts- und Unterrichtsräume, Umkleide- und Waschräume sowie Buüros und eine Cafeteria. Die Werkstatt selbst ist ein umlaufend 20 Meter tiefer zusammenhängender Hallenraum, der durch ein Stakkato von Doppelstützen und Trägern, alles Betonfertigteile, strukturiert ist. Semitransparente Verglasungen der Fassaden- und Dachfelder sorgen dafür, dass hier in tageslichter Helligkeit gearbeitet werden kann. Die zu reparierenden Müll- und Reinigungsfahrzeuge fahren von draußen durch Hubtore direkt in die Wagenstände.

Die Stringenz der endlosen Doppelstützen-Träger-Reihung prägt auch die äußere Erscheinung der Halle. Die Betonelemente wirken hier, weil sie deutlich über die Trauflinie der Verglasungen hinausragen, wie eine Formation in Reih' und Glied stehender Wandscheiben, die im Halbrund (das es ursprünglich auch am östlichen Ende hätte geben sollen) dem Blick entgleiten. Die dem großen Ganzen einen menschlichen Maßstab gebende Einheit ist das hohe schlanke Rechteckformat, aus dem sich die Verglasungen und die Tore zusammensetzen und das am Fuß und am Kopf jedes Betonelements als Fluchttür oder Lüftungsklappe auftaucht.

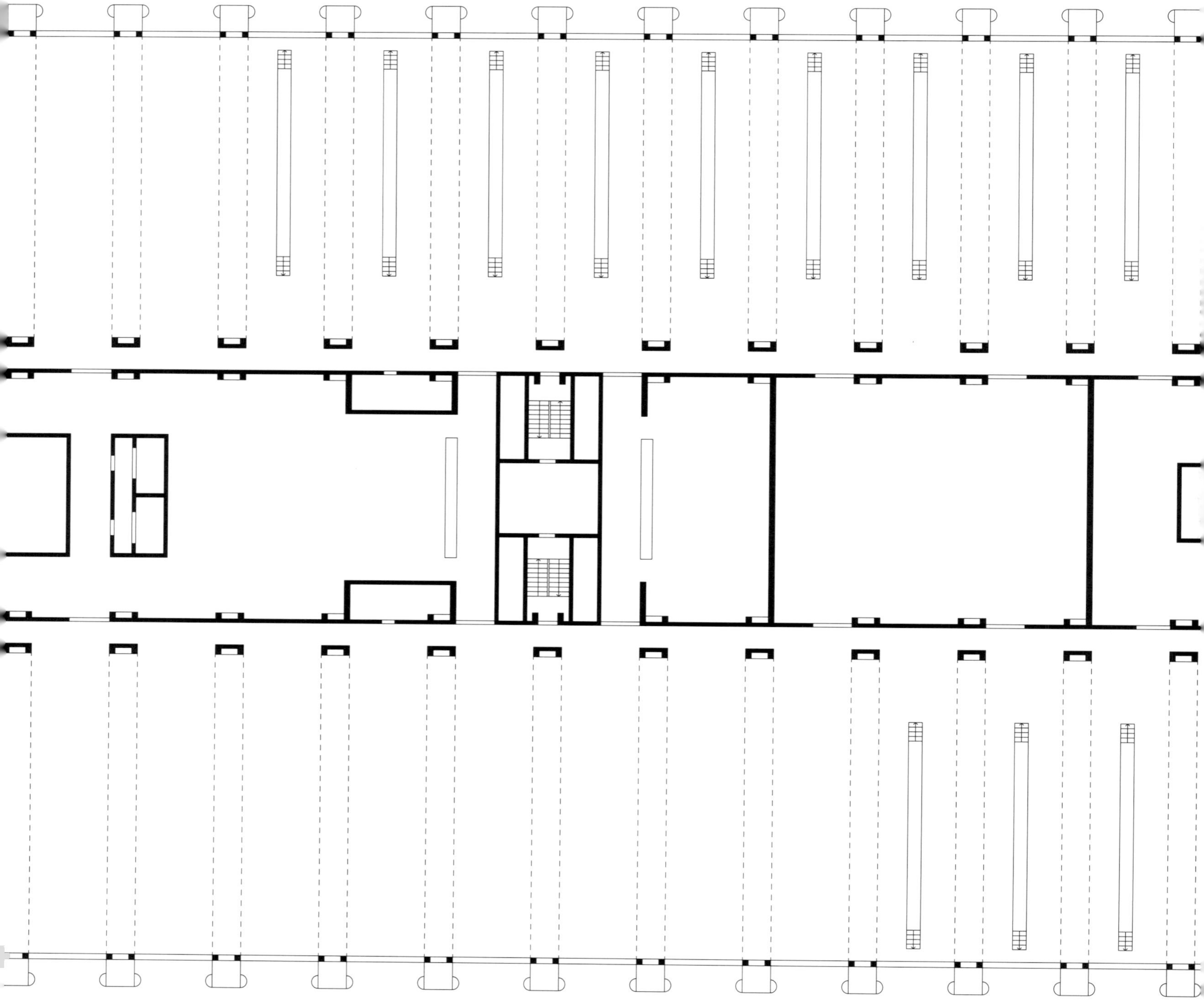

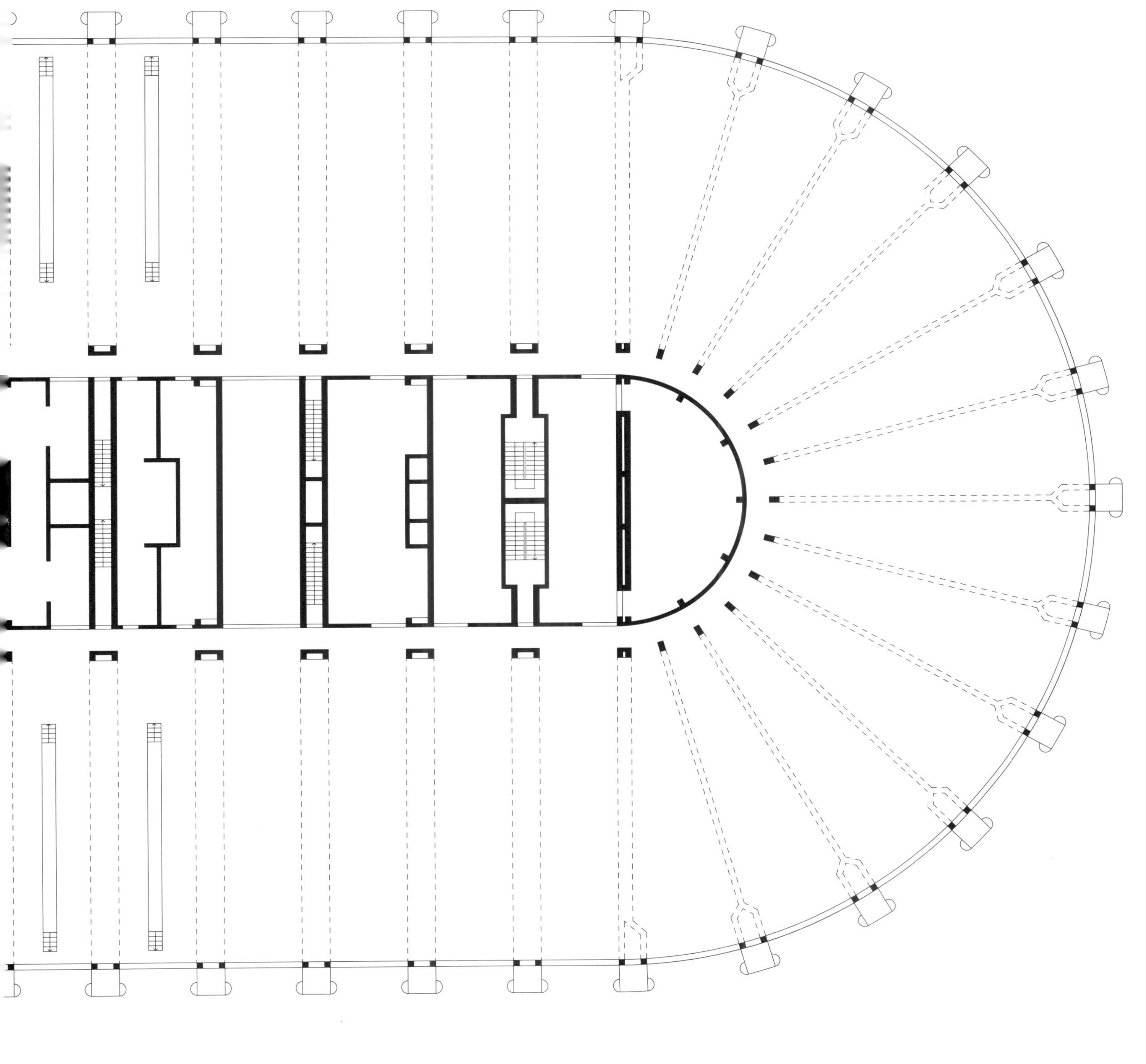

56

Das Werkstattgebäude funktioniert als Industriearchitektur hervorragend und ist technisch und im architektonischen Detail sorgfältig entworfen und ausgeführt. Es dient seinem Zweck und bleibt gleichzeitig in seiner formalen Klarheit und Härte unergründlich und würdevoll. Hierin, aber auch im Fassadenbild der endlos langen Flanken, steht es neben Peter Behrens' (1868–1940) Turbinenhalle für die AEG in der Moabiter Huttenstraße von 1909. ●

In the late 19th century, the Ringbahn, or circular railway, still marked the border between the heavily built-up urban area of Berlin and Charlottenburg and the more sparsely populated surroundings. In the 1880's, the Garde-Train-Bataillon – barracks for the Prussian army – was built on Ringbahnstrasse in Tempelhof, directly south of the railway line, in the spot that is now home to Berlin Waste Management. At the same time, the nearby Tempelhofer Feld was transforming from a drill ground into a local recreation area – before it turned into the airfield of the new central airport in the 1920's and then back into a green field open to everyone after the airport's closure in 2008. The barracks were largely destroyed during World War II, with only a few red brick buildings remaining intact today, including parts of horse stables. And the A100 highway, which runs north of the grounds today, was only in the planning stages at the time the workshop was built. This section wasn't completed until 1981.

Into this disparate and inhospitable urban space, Josef Paul Kleihues (1933--2004) inserts a powerful and autonomous major structure, about 300 meters long. Here, the orange vehicles that dispose of Berlin's waste and clean the city's streets are maintained and repaired.

In terms of its shape, size, and proportions, the workshop's layout resembles an ancient Roman circus – one of those elongated arenas which hosted chariot races more than 2,000 years ago. These two structures share the semicircular closure and the central axis that forms the backbone. In the circus, the latter consisted of a long, low wall with obelisks and markers, the spina, which the chariots had to circle multiple times. In the workshop building, however, the oblong zone in the center caters to and serves the two outer "lanes," the large workshop halls. Over three stories, it accommodates a saddlery, tool depot, recreation areas, classrooms, dressing rooms, washrooms, as well as offices and a cafeteria. The workshop itself constitutes a circumferential, 20-meter-deep, continuous hall structured by a staccato of double columns and supports, all of which are prefabricated concrete parts. Glazing in the facade and roof allow employees to enjoy plenty of daylight while working. The garbage trucks and cleaning vehicles that require repairs drive in through the lift gates and directly into the parking lots.

The stringency of the endless rows of double columns and supports also shapes the hall's external appearance. Since they clearly protrude over the eaves of the glazing, the concrete elements come across as a formation of wall slabs standing in rank and file, disappearing from view within the semicircle (another one of which was originally planned for the eastern end as well). The entity that gives the entire structure a human scale is the tall, narrow rectangular shape, through which the glazing and the gates are assembled, and which appears as an emergency exit or ventilation flap at the foot and head of every concrete element.

The workshop building provides an excellent example of industrial architecture and has been carefully designed and implemented in its technical and architectural details. It serves its purpose while still inscrutably and gracefully retaining its formal clarity and hardness. In this regard, but also in the facade image of the endless long sides, it compares to Peter Behrens' (1868–1940) turbine hall for AEG from 1909 on Huttenstrasse in the district of Moabit. ◆

Autorin
Author

Claudia Kromrei

Claudia Kromrei ist Architektin und lehrt Architekturtheorie und -geschichte in Bremen und St. Gallen und lebt in Berlin. Ihre Forschungen und Publikationen zur Theorie und Geschichte der Architektur und der Stadt zielen auf den Zusammenhang von Gedanke, Sprache und konkretem Gebäude.

is an architect and teaches architectural theory and history in Bremen and St. Gallen and lives in Berlin. Her research and publications on the theory and history of architecture and the city focus on the interplay between ideas, language, and tangible buildings.

Fotografen
Photographers

Thomas Bomm

ist Fotograf. Er kam 1980 aus Hessen nach Berlin und arbeitet nach eigenen Worten nicht im Bereich der Architektur-, sondern der kommerziellen Immobilienfotografie. Obwohl zunächst analog ausgebildet, setzte er schon sehr früh auf die Digitaltechnik.

is a photographer. He moved from Hessen to Berlin in 1980, and in his own words, worked in the area of commercial real estate photography as opposed to architectural photography. Although his training focused on analog methods, he switched to digital technology early on.

Manfred Hamm

ist Fotograf, in Sachsen geboren und über Umwege 1967 nach Berlin gekommen. Er arbeitete in allen Teilen der Welt thematisch zu Orten, Gebäudetypologien, Raumformen und im Verschwinden begriffener Technik. Hamm fotografierte ausschliesslich analog und mit entsprechend schwerem Gerät, seine Fotografien befinden sich in zahlreichen öffentlichen und privaten Sammlungen. 2014 beendete er seine Arbeit. Für dieses und das vorangegangene Buch hat er sie wieder aufgenommen und sich auf die Digitalfotografie eingelassen.

is a photographer. He was born in Saxony and made his way to Berlin in 1967 via a few detours. Hamm has worked in all corners of the world and focused on topics revolving around cities, building typologies, spatial form, and disappearing technology. He exclusively used analog photography and a correspondingly heavy camera. His photographs are on display in numerous public and private collections. He stopped working in 2014, but picked up his camera again for this book and the previous one - this time agreeing to give digital photography a try.

Index
Index

Namen

Straßen

Bibliografie
Bibliography

Architekten- und Ingenieur-Verein zu Berlin (Hg.): Berlin und seine Bauten Teil V Band C Schulen, Berlin 1991

Architekten- und Ingenieur-Verein zu Berlin (Hg.): Berlin und seine Bauten. Teil X Band A (2) Stadttechnik, Petersberg 2006

Architekten- und Ingenieur-Verein zu Berlin (Hg.): Berlin und seine Bauten Teil VIII Bauten für Handel und Gewerbe Band B Gastgewerbe, Berlin 1980

Architekten- und Ingenieur-Verein zu Berlin (Hg.): Berlin und seine Bauten Teil X An-lagen und Bauten für den Verkehr (1) Städtischer Nahverkehr, Berlin 1979

Architekten- und Ingenieur-Verein zu Berlin (Hg.): Berlin und seine Bauten Teil VI Sakralbauten, Berlin 1997

Bayerer, Peter: Doppelinstitut. Zentrum für Produktionstechnik der Technischen Uni-versität Berlin und der Fraunhofer Gesellschaft, o. O. 1986

Behr, Adalbert: Bauen in Berlin. 1973 bis 1987, Leipzig 1987

Berlin, Isaiah: The Hedgehog and the Fox: An Essay on Tolstoy's View of History, New York 1953

Bloomer, Kent C./Moore, Charles W.: Body, Memory and Architecture, New Ha-ven/London 1977

Bossin, Jeffrey: Die Carillons von Berlin und Potsdam, Berlin 1991

Buchholz, Antje: Ludwig Leo – Ausschnitt, London 2015

Deutsche Bauakademie (Hg.): Zeiss-Großplanetarium Berlin; 2. Auflage, Berlin 1990

Eco, Umberto: Postille a Il nome della rosa, Mailand 1983, deutsch: Nachschrift zum Namen der Rose, München 1984

Eisenman, Peter: Post-Functionalism, Opposition, No. 6, 1976, dt. Postfunktionalismus, in: Ullrich Schwarz (Hg.), Aura und Exzeß. Zur Überwindung der Metaphysik der Architektur, Wien 1995

Fiedler, Leslie A.: Cross the Border, Close the Gap in: Playboy, December 1969

Foljanty, Lukas: Der Verkehrsknoten Steglitz. Bierpinsel – U-Bahnhof Schlossstrasse – Joachim Tiburtius-Brücke. Das Erstlingswerk von Ralf Schüler und Ursulina Schüler-Witte, Berlin 2010

Gombrich, Ernst H. J.: The Origins of Stylistic Terminology, Norm and Form, London 1966

Hollein, Hans: Alles ist Architektur, 1967 in: Bau. Schrift für Architektur und Städtebau, Wien 1968

Jencks, Charles: The Language of Post-Modern Architecture, London 1977

Johnson, Eugene J.: Charles Moore. Bauten und Projekte 1949–1986, Stuttgart 1987

Kiem, Karl: Die Freie Universität Berlin (1967–73). Hochschulbau, Team-X-Ideale und tektonische Phantasie, 2008

Kieren, Martin: Max Dudler. Architekt, Berlin 1999

Kleihues, Josef Paul: Schriftenreihe zur Internationalen Bauausstellung Berlin 1984/87. Die Neubaugebiet. Dokumente. Projekte, Heft 3, Stuttgart 1987 und Heft 7, Stuttgart 1993

Klotz, Heinrich: Moderne und Postmoderne: Architektur der Gegenwart 1960–1980, Braunschweig/Wiesbaden 1984

Klotz, Heinrich (Hg.): O. M. Ungers. 1951–1984. Bauten und Projekte, Braunschweig/Wiesbaden 1985

Köhler, Thomas/Müller, Ursula (Hg.): Anything Goes? Berliner Architekturen der 1980er Jahre, Bielefeld/Berlin 2021

Landesdenkmalamt Berlin (Hg.): Denkmaltopographie Bundesrepublik Deutschland. Denkmale in Berlin Bezirk Friedrichshain-Kreuzberg: Ortsteil Kreuzberg, Petersberg 2016

Meuser, Natascha: Heinz Graffunder. Bauten und Projekte für Zoologische Gärten, Berlin 2021

Rave, Rolf: Bauen seit 1980 in Berlin, Berlin 2005

Rave, Rolf/Knöfel, Hans-Joachim/Rave, Jan: Bauen der 70er Jahre in Berlin, Berlin 1981

Robertson, Jaquelin/Tigerman, Stanley (Hg.): The Charlottesville Tapes, New York 1985

Schäche, Wolfgang (Hg.): Jürgen Sawade. Bauten und Projekte 1970–1995, Berlin 1997

Scheer, Thorsten (Hg.): Josef Paul Kleihues. Works 1966–1980, Ostfildern 2008

Scheer, Thorsten/Kleihues, Josef Paul/Kahlfeldt, Paul (Hg.): Stadt der Architektur. Architektur der Stadt. Berlin 1900–2000, Berlin 2000

Scott, Geoffrey: The Architecture of Humanism: A Study in the History of Taste, Boston 1914

Stirling, James: Bauten und Projekte 1950–1983, Stuttgart 1984

Strauss, Botho: Der Fehler des Kopisten, München 1997

Tigerman, Stanley (Hg.): The Chicago Tapes, New York 1987

Treu, Max (Hg.): Archilochos: Sämtliche Fragmente. Griechisch und Deutsch, Mün-chen 1969

Uhl, Johannes: Zeichnen und bauen, Berlin 1987

Ungers, Oswald Mathias: Architektur 1951–1990, Stuttgart 1991

Urban, Florian: Berlin/DDR neo-historisch. Geschichte aus Fertigteilen, Berlin 2007

Valle, Gino: Gino Valle. Progetti e architetture, Mailand 1989

Venturi, Robert: Complexity and Contradiction in Architecture, New York 1966, deutsch: Komplexität und Widerspruch in der Architektur, Braunschweig 1978

Welsch, Wolfgang: Unsere postmoderne Moderne, Weinheim 1987

Dank

Gratitude

Dank an Jesse Rahn, der die Zeichnungen der Grundrisse angefertigt hat.

Dank an Frau Moriceau und Herrn Kintzel, die den Zugang zum eigentlich unzugänglichen Krankenhaus des Maßregelverzugs ermöglichten.
Dank an Herrn Natz von den Berliner Wasserbetrieben, der die Fotografien der Phosphateliminierungsanlage genehmigte und an Herrn Mewes, der vor Ort war.
Dank an Frau Prof. Dr. Allmendinger und Frau Noack für die Erlaubnis, im Wissenschaftszentrum zu fotografieren.
Dank an Frau Thümler, die den Zugang zur Werkstatt der Straßenreinigung möglich machte und an Herrn Dr. Klöckner, der vor Ort war.
Dank an Herrn Wahlandt vom Friedrichstadtpalast für den Hinweis auf die anstehende Einrüstung der Fassade. So konnte im Morgengrauen gerade noch rechtzeitig das perfekte Foto entstehen.
Dank an Frau Hachmeister, die den Zutritt zum Dickhäuterhaus ermöglichte, das eigentlich schon eine eingezäunte Baustelle war. Sie stellte uns auch die Bauantragszeichnungen zur Verfügung. Und Dank an Herrn Böhme, der vor Ort war und Bauhelme und Warnwesten bereithielt.
Dank an Frau Morgenstern-Dosdall vom Bezirksamt Charlottenburg-Wilmersdorf und an Frau Zemke von der Schule am Schloss, die trotz Schulferien den Zugang in die Sporthalle ermöglichten.
Dank an Sammy Brauner und Hans de Vos, die Einblick in die Bauakten des Hauses in der Hasenheide gewährten.

Thank you to Jesse Rahn, who designed the floor plan drawings.

Thank you to Ms. Moriceau and Mr. Kintzel, who allowed us to access the normally inaccessible hospital die den Zugang zum eigentlich unzugänglichen Krankenhaus des Massregelvollzugs ermöglichten.
Thank you to Mr. Natz from the Berliner Wasserbetriebe, who authorized the photographs of the phosphate elimination facility, and to Mr. Mewes, who accompanied us on site.
Thank you to Prof. Dr. Allmendinger and Ms. Noack for giving us permission to take pictures in the science center.
Thank you to Ms. Thümler, who granted us access to the street cleaning workshop, and to Dr. Klöckner, who was on site.
Thank you to Mr. Wahlandt from the Friedrichstadtpalast for informing us about the scaffolding that would soon cover the façade. This made it possible for us to capture the perfect photograph at dawn, just in the nick of time.
Thank you to Ms. Hachmeister, who allowed us to enter the Dickhäuterhaus, which was already a fenced in construction site. She also gave us access to the planning application drawings. And thank you to Mr. Böhme, who was on site and provided us with hard hats and safety vests.
Thank you to Ms. Morgenstern-Dosdall from the Charlottenburg-Wilmersdorf district office and to Ms. Zemke from the Schule am Schloss, who allowed us to access the school's gym despite the school vacation.
Thank you to Sammy Brauner and Hans de Vos, who granted us access to the building documentation for the house in Hasenheide.

Impressum
Imprint

Die Deutsche Nationalbibliothek verzeichnet diese Publikation in der Deutschen Nationalbibliografie; detaillierte bibliografische Daten sind im Internet über http://dnb.dnb.de abrufbar.
The Deutsche Nationalbibliothek lists this publication in the Deutsche Nationalbibliografie; detailed bibliographic data are available on the Internet at http://dnb.dnb.de

ISBN 978-3-7212-1019-4

ein Imprint der imprint of
Braun Publishing AG, Salenstein

www.niggli.ch

1. Auflage 1st edition **2023**

Übersetzung Translation:
Anja Wiest
Redaktion Editing:
Friederike Christoph
Grafisches Konzept und Design
Graphic concept and design:
STUDIO LZ, Agnes Essig, Lisa Zech
Satz Typesetting:
Noah Hoffmann, Michaela Prinz